SV

Sonderdruck
edition suhrkamp

Jürgen Habermas

Zur Verfassung Europas
Ein Essay

Suhrkamp

5. Auflage 2014

Erste Auflage 2011
edition suhrkamp
Sonderdruck
© Suhrkamp Verlag Berlin 2011
Originalausgabe
Alle Rechte vorbehalten, insbesondere das der Übersetzung,
des öffentlichen Vortrags sowie der Übertragung
durch Rundfunk und Fernsehen, auch einzelner Teile.
Kein Teil des Werkes darf in irgendeiner Form
(durch Photographie, Mikrofilm oder andere Verfahren)
ohne schriftliche Genehmigung des Verlags reproduziert
oder unter Verwendung elektronischer Systeme
verarbeitet, vervielfältigt oder verbreitet werden.
Satz: Satz-Offizin Hümmer GmbH, Waldbüttelbrunn
Druck: Druckhaus Nomos, Sinzheim
Umschlag gestaltet nach einem Konzept
von Willy Fleckhaus: Rolf Staudt
Printed in Germany
ISBN 978-3-518-06214-2

Inhalt

Vorwort

Seit 2008 beobachten wir die mühsamen Lernprozesse der deutschen Bundesregierung, die sich widerwillig und in kleinen Schritten auf Europa zu bewegt. Schließlich – nach zweieinhalb Jahren des anfänglichen Beharrens auf nationalen Alleingängen, dem Feilschen um Rettungsschirme, zweideutigen Signalen und hinausgezögerten Zugeständnissen – scheint sich die Einsicht durchzusetzen, dass der ordoliberale Traum von den freiwillig vereinbarten Stabilitätskriterien, denen die nationalen Haushalte der Mitgliedsländer folgen sollen, gescheitert ist. Der Traum von den »Mechanismen«, die eine gemeinsame politische Willensbildung überflüssig machen und die Demokratie im Zaum halten sollten, ist nicht nur an unterschiedlichen Wirtschaftskulturen, sondern vor allem an den schnell wechselnden Konstellationen unberechenbarer Umwelten zerschellt. Heute sprechen alle vom »Konstruktionsfehler« einer Währungsunion, der die erforderlichen politischen Steuerungskompetenzen fehlen. Inzwischen wächst die Einsicht, dass die Europäischen Verträge geändert werden müssen; aber die klare Perspektive fehlt.

Nach den jüngst kursierenden Plänen soll sich das gemeinsame Regieren der siebzehn Euro-Staaten im Kreise der Regierungschefs, also einem »Kern« des Europäischen Rates abspielen. Da dieses Leitungsorgan keine rechtlich verbindlichen Beschlüsse fassen kann, konzentriert sich das Nachdenken auf die Art der Sanktionen, die gegenüber »ungehorsamen« Regierungen verhängt werden sollen. Aber wer soll hier eigentlich wem Folgsamkeit gegenüber Beschlüssen welchen Inhalts auferlegen? Nachdem die starren Stabilitätskriterien zu dem beschwörenden »Pakt für Europa« erweitert und flexibilisiert worden sind, sollen sich die Beschlüsse des Europäischen Rates auf das breite Spektrum all jener Politiken erstrecken, die auf die globale Wettbewerbsfähigkeit der auseinandergedrifteten nationalen Ökonomien Einfluss haben können. Die europäischen Vereinbarungen würden also in Kernbereiche der nationalen Parlamente eingreifen – von der Finanz- und Wirtschaftspolitik über die Sozialpolitik bis zur Bildungs- und Arbeitsmarktpolitik. Man stellt sich das Procedere offenbar so vor, dass die Regierungschefs für die politische Durchsetzung aller Ziele, auf die sie sich mit ihren Kollegen in Brüssel verständigt haben, in ihren jeweils eigenen nationalen Parlamenten unter Strafandrohung Mehrheiten organisieren. Diese Art von Exekutivföderalismus eines sich selbst ermächtigenden Europäischen Rates der siebzehn wäre das Muster einer postdemokratischen Herrschaftsausübung.

Wie zu erwarten, regt sich gegen diese intergouvernementale Aushöhlung der Demokratie Widerstand von zwei Seiten. Die Verteidiger des Nationalstaates sehen sich in ihren schlimmsten Befürchtungen bestätigt und verschanzen sich nun erst recht hinter den Fassaden einer wenn auch längst durchlöcherten staatlichen Souveränität. Allerdings haben sie in der gegenwärtigen Krise die Rückendeckung einer Wirtschaftslobby verloren, die bisher daran interessiert gewesen ist, die Gemeinschaftswährung ebenso wie den gemeinsamen Markt von politischen Interventionen nach Möglichkeit frei zu halten. Auf der anderen Seite melden sich wieder die lange Zeit verstummten Fürsprecher der »Vereinigten Staaten von Europa«, die freilich mit dieser emphatischen Vorstellung der eigenen Absicht, die Integration zunächst in Kerneuropa voranzutreiben, einen Bärendienst erweisen. Denn auf diese Weise verfängt sich die berechtigte Opposition gegen den abschüssigen Weg in einen bürokratischen Exekutivföderalismus in der aussichtslosen Alternative zwischen Nationalstaat und europäischem Bundesstaat. Nicht besser ist ein vager Föderalismus, der diese falsche Alternative auf unbestimmte Weise negiert.

Mit meinem Versuch über die »Verfassung« – also den aktuellen Zustand und die politische Verfassung – Europas will ich einerseits zeigen, dass die Europäische Union des Lissaboner Vertrags nicht so weit von der Gestalt einer transnationalen Demokratie entfernt ist, wie viele ihrer Kritiker meinen. Andererseits möchte ich erklären, warum der Konstruktionsfehler der Währungsunion nicht ohne Vertragsänderung behoben werden kann. Die nun geplante Koordinierung der Entscheidungen der EWU-Staaten auf wichtigen Politikfeldern bedarf einer erweiterten Legitimationsgrundlage. Für eine solche transnationale Demokratie ist allerdings die bundesstaatliche Verfassung das falsche Modell. Sobald wir die Europäische Union so betrachten, als sei sie aus guten Gründen von zwei gleichberechtigten verfassungsgebenden Subjekten geschaffen worden, nämlich gleichursprünglich von den Bürgern (!) und den Staatsvölkern (!) Europas, erkennen wir die Architektonik des überstaatlichen und gleichwohl demokratischen Gemeinwesens. Wir brauchen also aus der beispiellosen europäischen Rechtsentwicklung des vergangenen halben Jahrhunderts nur die richtigen Konsequenzen zu ziehen.

Noch scheuen die politischen Eliten vor der hohen Hürde einer Vertragsänderung zurück. Dieses Zögern erklärt sich wohl nicht allein aus opportunistischem Machterhaltungsinteresse und mangelnder Führungsstärke. Die ökonomisch erzeugten Befürchtungen machen die Probleme Europas im Bewusstsein der Bevölkerungen stärker präsent und verleihen ihnen eine größere existentielle Bedeutung denn je. Diesen ungewöhnlichen Thematisierungsschub müssten die politischen Eliten als Chance begreifen und auch darin das Außerordentliche der gegenwärtigen Lage erkennen. Aber auch die Politiker sind längst eine Funktionselite geworden: Sie sind nicht mehr vorbereitet auf eine entgrenzte Situation, die sich dem üblichen demoskopisch-administrativen Zugriff entzieht und einen anderen, einen mentalitätsgestaltenden Politikmodus erfordert.

Ich möchte mit meinen Mitteln den Versuch machen, Denkblockaden aus dem Weg zu räumen, die gegenüber einer Transnationalisierung der Demokratie immer noch bestehen. Dabei ordne ich die europäische Einigung in den langfristigen Zusammenhang einer demokratischen Verrechtlichung und Zivilisierung staatlicher Gewalt ein. Aus dieser Perspektive soll deutlich werden, dass die Befriedung kriegerischer Nationen, also das Ziel, das nach dem Zweiten Weltkrieg nicht nur die Gründung der Vereinten Nationen, sondern auch die europäische Einigung motiviert hat, die Ausgangsbasis für ein weiter ausgreifendes Ziel geschaffen hat, und zwar für den Aufbau politischer Handlungsfähigkeiten jenseits der Nationalstaaten. Die Konstitutionalisierung des Völkerrechts ist längst nicht mehr nur auf jene Pazifizierung gerichtet, die auch am Anfang der Entwicklung zur Europäischen Union stand. Das Zerplatzen neoliberaler Illusionen hat die Einsicht gefördert, dass die Finanzmärkte, ja überhaupt die durch nationale Grenzen hindurchgreifenden Funktionssysteme der Weltgesellschaft Problemlagen schaffen, welche einzelne Staaten – oder Koalitionen von Staaten – nicht mehr beherrschen können. Von diesem Regelungsbedarf wird gewissermaßen die Politik als solche, die Politik im Singular, herausgefordert: Die *internationale* Gemeinschaft der Staaten muss sich zu einer *kosmopolitischen* der Staaten und der Weltbürger fortentwickeln.

Dem Essay zur Verfassung Europas stelle ich eine (in einer Fachzeitschrift bereits publizierte) Abhandlung voran, die den Zusammenhang des systematischen Begriffs der Menschenrechte mit dem genealogischen Begriff der Menschenwürde untersucht. »Genealogisch« soll heißen, dass die Erfahrungen verletzter menschlicher Würde eine kämpferische Dynamik der Empörung fördern, die der Hoffnung auf eine noch so unwahrscheinliche weltweite Institutionalisierung der Menschenrechte immer wieder Auftrieb gibt. Der Ausblick auf eine politisch verfasste Weltgesellschaft verliert etwas vom Anschein des Utopischen, wenn wir uns daran erinnern, dass die Rhetorik und die Politik der Menschenrechte seit wenigen Jahrzehnten tatsächlich eine globale Wirksamkeit entfaltet haben. Schon seit den Tagen der Französischen Revolution verrät sich in der spannungsreichen Differenz von Bürger- und Menschenrechten implizit der Anspruch auf eine globale Durchsetzung der gleichen Rechte für jeden. Dieser kosmopolitische Anspruch bedeutet, dass sich die Rolle der Menschenrechte nicht in der moralischen Kritik an den ungerechten Verhältnissen einer hoch stratifizierten Weltgesellschaft erschöpfen darf. Die Menschenrechte sind auf die institutionelle Verkörperung in einer politisch verfassten Weltgesellschaft angewiesen.

Die drei im Anhang dokumentierten Interventionen können als Kommentare zu jenem ethnozentrischen Bild von Europa gelesen werden, das sich in der selbstzentrierten Wahrnehmung des wiedervereinigten Deutschlands spiegelt.

Starnberg, Anfang September 2011 *Jürgen Habermas*

Das Konzept der Menschenwürde und die realistische Utopie der Menschenrechte

Die Allgemeine Erklärung der Menschenrechte, die die Vereinten Nationen am 10. Dezember 1948 verabschiedet haben, beginnt in Artikel 1 mit dem Satz: »Alle Menschen sind frei und gleich an Würde und Rechten geboren.«[1] Auch die Präambel nennt Menschenwürde und Menschenrechte im selben Atemzug. Sie bekräftigt den »Glauben an die grundlegenden Menschenrechte, an die Würde und den Wert der menschlichen Person«.[2] Das vor sechzig Jahren verabschiedete Grundgesetz der Bundesrepublik Deutschland beginnt mit einem Abschnitt über die Grundrechte, und dieser fängt in Artikel 1 wiederum mit dem Satz an: »Die Würde des Menschen ist unantastbar.« Vorangegangen waren ähnliche Formulierungen in fünf von acht der zwischen 1946 und 1949 verabschiedeten deutschen Länderverfassungen. Auch im internationalen Menschenrechtsdiskurs und in der Rechtsprechung spielt die Menschenwürde heute eine prominente Rolle.[3]

Die Unantastbarkeit der Menschenwürde hat die deutsche Öffentlichkeit im Jahr 2006 beschäftigt, als das Bundesverfassungsgericht das vom Bundestag verabschiedete »Luftsicherheitsgesetz« als verfassungswidrig zurückwies. Das Parlament hatte damals das Szenario von »9/11«, also den terroristischen Angriff auf die Zwillingstürme des World Trade Center, vor

---

1 »All human beings are born free and equal in dignity and rights.« Die Präambel fordert im ersten Satz gleichzeitig die Anerkennung der »inherent dignity« und der »equal and inalienable rights of all members of the human family«.
2 »[T]he peoples of the United Nations have in the Charter reaffirmed their faith in fundamental human rights, in the dignity and worth of the human person […].«
3 Erhard Denninger, »Der Menschenwürdesatz im Grundgesetz und seine Entwicklung in der Verfassungsrechtsprechung«, in: Franz-Joseph Peine/Heinrich A. Wolff (Hg.), *Nachdenken über Eigentum*, Festschrift für Alexander von Brünneck, Baden-Baden: Nomos 2011, S. 397-411.

Augen; es wollte die Streitkräfte ermächtigen, in einer solchen Situation die in Bomben verwandelten Passagierflugzeuge abzuschießen, um eine unbestimmt große Anzahl gefährdeter Personen am Boden zu schützen. Nach Auffassung des Gerichts wäre die Tötung der Passagiere durch staatliche Organe jedoch verfassungswidrig. Die Pflicht des Staates (nach Art. 2 Abs. 2 GG),[4] das Leben der potenziellen Opfer eines Terroranschlages zu schützen, muss hinter die Pflicht zur Achtung der Menschenwürde der Passagiere zurücktreten: »[I]ndem über ihr Leben von Staats wegen einseitig verfügt wird, wird den [...] Flugzeuginsassen der Wert abgesprochen, der dem Menschen um seiner selbst willen zukommt«.[5] In diesen Worten des Gerichts ist das Echo von Kants kategorischem Imperativ unüberhörbar. Die Achtung vor der Menschenwürde jeder Person verbietet es dem Staat, über irgendein Individuum bloß als Mittel für einen anderen Zweck zu verfügen, sei es auch um der Rettung des Lebens vieler anderer Personen willen.

Interessant ist nun der Umstand, dass der philosophische Begriff der Menschenwürde, der schon in der Antike aufgetreten ist und bei Kant seine heute gültige Fassung erlangt hat, erst seit dem Ende des Zweiten Weltkrieges Eingang in Texte des Völkerrechts und in die seitdem in Kraft getretenen nationalen Verfassungen gefunden hat. Seit verhältnismäßig kurzer Zeit spielt er auch in der internationalen Rechtsprechung eine zentrale Rolle. Hingegen taucht das Konzept der Menschenwürde als Rechtsbegriff weder in den klassischen Menschenrechtserklärungen des 18. Jahrhunderts noch in den Kodifikationen des 19. Jahrhunderts auf.[6] Warum ist im Recht von »Menschenrechten« so viel früher als von »Menschenwür-

---

4 »Jeder hat das Recht auf Leben und körperliche Unversehrtheit.«
5 BVerfG, 1 BvR 357/05 vom 15. Februar 2006, Abs. 124; vgl. zu diesem Urteil Jochen von Bernstorff, »Pflichtenkollision und Menschenwürdegarantie. Zum Vorrang staatlicher Achtungspflichten im Normbereich von Art. 1 GG«, in: *Der Staat* 47/2008, S. 21-40.
6 Vgl. Christopher McCrudden, »Human dignity and judicial interpretation of human rights«, in: *The European Journal of International Law* 19/2008, S. 655-724.

de« die Rede? Gewiss, die Gründungsurkunden der Vereinten Nationen, die den Zusammenhang der Menschenrechte mit der Menschenwürde ausdrücklich herstellen, waren offensichtlich eine Antwort auf die unter dem Nazi-Regime begangenen Massenverbrechen und die Massaker des Zweiten Weltkrieges. Erklärt sich daraus der prominente Stellenwert, den die Menschenwürde auch in den Nachkriegsverfassungen Deutschlands, Italiens und Japans, also der Nachfolgeregimes der Urheber dieser moralischen Katastrophe des 20. Jahrhunderts, und ihrer Verbündeten einnehmen? Wird die Idee der *Menschenrechte* erst im historischen Zusammenhang des Holocaust mit dem Begriff der *Menschenwürde* gewissermaßen nachträglich moralisch aufgeladen – und möglicherweise überfrachtet?

Die späte Karriere des Menschenwürdebegriffs in verfassungs- und völkerrechtlichen Diskussionen legt diesen Gedanken nahe. Es gibt nur eine Ausnahme aus der Mitte des 19. Jahrhunderts. In den Verhandlungen über die Abschaffung der Todesstrafe und körperlichen Züchtigung in Paragraph 139 der Paulskirchenverfassung vom März 1849 heißt es: »Ein freies Volk hat selbst bei dem Verbrecher die Menschenwürde zu achten.«[7] Diese aus der ersten bürgerlichen Revolution in Deutschland hervorgegangene Verfassung ist allerdings nicht in Kraft getreten. So oder so bleibt die zeitliche Asymmetrie zwischen der ins 17. Jahrhundert zurückreichenden Geschichte der Menschen*rechte* und dem rezenten Auftreten des Menschen*würde*begriffs in nationalen und völkerrechtlichen Kodifikationen sowie der Rechtsprechung des letzten halben Jahrhunderts ein bemerkenswertes Faktum.

Im Gegensatz zur Annahme einer erst im Rückblick erfolgten moralischen Aufladung des Begriffs der Menschenrechte durch den der Menschenwürde möchte ich die These vertreten, dass von Anfang an, wenn auch zunächst nur implizit, ein enger begrifflicher Zusammenhang zwischen beiden Konzepten bestanden hat. Menschenrechte sind immer erst aus dem

7 Denninger, »Der Menschenwürdesatz im Grundgesetz«, a. a. O., S. 397.

Widerstand gegen Willkür, Unterdrückung und Erniedrigung hervorgegangen. Heute kann niemand einen dieser ehrwürdigen Artikel in den Mund nehmen – beispielsweise den Satz »Niemand darf der Folter oder grausamer, unmenschlicher oder erniedrigender Behandlung oder Strafe unterworfen werden« (Allgemeine Erklärung der Menschenrechte, Art. 5)[8] –, ohne das Echo zu hören, das darin nachhallt: der Aufschrei unzähliger gepeinigter und hingemordeter menschlicher Kreaturen. Die Berufung auf Menschenrechte zehrt von der Empörung der Beleidigten über die Verletzung ihrer menschlichen Würde. Wenn das am Anfang steht, muss sich dieser begriffliche Zusammenhang auch an der Rechtsentwicklung selbst zeigen lassen. Zunächst müssen wir also die Frage beantworten, ob »Menschenwürde« der Ausdruck für einen normativ gehaltvollen Grundbegriff ist, aus dem sich die Menschenrechte durch die Spezifizierung von Verletzungstatbeständen herleiten lassen, oder doch nur ein nichtssagender Ausdruck für einen Katalog einzelner, aufgelesener und unzusammenhängender Menschenrechte.

Ich werde einige rechtstheoretische Gründe nennen, die dafür sprechen, dass »Menschenwürde« kein nachträglich klassifizierender Ausdruck, gewissermaßen eine Attrappe ist, hinter der sich eine Vielfalt verschiedener Phänomene verbirgt, sondern die moralische »Quelle«,[9] aus der sich die Gehalte aller Grundrechte speisen (1). Sodann möchte ich unter systematischen und begriffsgeschichtlichen Gesichtspunkten die katalysatorische Rolle untersuchen, die der Begriff der Würde bei der Komposition der Menschenrechte aus Vernunftmoral und Rechtsform spielt (2). Schließlich erklärt der Ursprung der Menschenrechte aus der moralischen Quelle der menschlichen Würde die politische Sprengkraft einer konkreten Utopie, die ich

---

8 »No one shall be subjected to torture or to cruel, inhuman or degrading treatment or punishment.«
9 »Die Unantastbarkeit der Würde des Menschen ist Quelle aller Grundrechte«, heißt es beispielsweise in Art. 14 Abs. 2 der Verfassung des Freistaates Sachsen aus dem Jahr 1992.

sowohl gegen die pauschale Verwerfung der Menschenrechte (Carl Schmitt) als auch gegen neuere Versuche der Entschärfung ihres radikalen Gehaltes verteidigen möchte (3).

(1) Grundrechte bedürfen aufgrund ihrer abstrakten Allgemeinheit im Einzelfall der Konkretisierung. Dabei gelangen Gesetzgeber und Richter in unterschiedlichen kulturellen Kontexten oft zu verschiedenen Ergebnissen; ein gutes Beispiel dafür ist heute etwa die Regelung ethisch umstrittener Tatbestände wie der Euthanasie, der Abtreibung oder der eugenischen Manipulation des Erbgutes. Ebenso wenig kontrovers ist, dass sich allgemeine Rechtsbegriffe aufgrund dieser Interpretationsbedürftigkeit für Verhandlungskompromisse eignen. So hat die Berufung auf das Konzept der Menschenwürde etwa bei der Gründung der Vereinten Nationen, überhaupt beim Aushandeln von Menschenrechtspakten und völkerrechtlichen Konventionen, die Herstellung eines überlappenden Konsenses zwischen Parteien verschiedener kultureller Herkunft zweifellos erleichtert: »Jeder konnte der Position zustimmen, dass die Menschenwürde von zentraler Bedeutung sei, nicht jedoch, warum und in welcher Form.«[10]

Aber deshalb muss sich der juristische Sinn der Menschenwürde noch nicht in der Funktion einer Nebelwand erschöpfen, hinter der tiefer reichende Differenzen einstweilen verschwinden können. Die Kompromissfunktion, welche die »Menschenwürde« im Zuge der Ausdifferenzierung und Ausbreitung der Menschenrechte gelegentlich auch bei der Neutralisierung unüberbrückbarer Differenzen erfüllt hat, kann deren spätes Auftreten *als* Rechtskonzept nicht erklären. Ich möchte zeigen, dass veränderte historische Umstände nur etwas thematisiert und zu Bewusstsein gebracht haben, was den Menschenrechten implizit von Anbeginn eingeschrieben war – nämlich jene normative Substanz der gleichen Menschenwürde eines jeden, welche die Menschenrechte gewissermaßen ausbuchstabieren. So rekurrieren Richter beispielsweise dann auf den Schutz der

10 McCrudden, a. a. O., S. 678.

Menschenwürde, wenn sie angesichts unvorhergesehener Risiken, die durch neue invasive Technologien verursacht werden, ein Recht auf informationelle Selbstbestimmung einführen. In ähnlicher Weise ist das Bundesverfassungsgericht in seiner bahnbrechenden Entscheidung vom 9. Februar 2010 zur Bemessung von Leistungsansprüchen aus Paragraph 20 Abs. 2 SGB II (dem Arbeitslosengeld II) verfahren.[11] Es hat aus diesem Anlass aus Art. 1 Grundgesetz ein Grundrecht auf ein Existenzminimum »abgeleitet«, welches den Begünstigten (und deren Kindern) eine angemessene »Teilhabe am gesellschaftlichen, kulturellen und politischen Leben« ermöglicht.[12]

Die Erfahrung verletzter Menschenwürde hat eine Entdeckungsfunktion – etwa angesichts unerträglicher sozialer Lebensverhältnisse und der Marginalisierung verarmter sozialer Klassen; angesichts der Ungleichbehandlung von Frauen und Männern am Arbeitsplatz, der Diskriminierung von Fremden, von kulturellen, sprachlichen, religiösen und rassischen Minderheiten; auch angesichts der Qual junger Frauen aus Immigrantenfamilien, die sich von der Gewalt eines traditionellen Ehrenkodexes befreien müssen; oder angesichts der brutalen Abschiebung illegaler Einwanderer und Asylbewerber. Im Lichte historischer Herausforderungen werden jeweils *andere* Bedeutungsaspekte der Menschenwürde aktualisiert; diese aus verschiedenen Anlässen spezifizierten Züge der Menschenwürde können dann ebenso zu einer *weiter gehenden* Ausschöpfung des normativen Gehalts verbürgter Grundrechte wie zur Entdeckung und Konstruktion *neuer* Grundrechte führen.[13] Dabei dringt die im Hintergrund stehende Intuition zunächst ins Bewusstsein der Betroffenen und dann in die Rechtstexte ein, um dort begrifflich artikuliert zu werden.

Die Weimarer Reichsverfassung von 1919, die soziale Grund-

---

11 BVerfG, 1 BvL 1/09 vom 9. Februar 2010.
12 Ebd., Abs. 135.
13 McCrudden spricht in ähnlichen Fällen von »der Notwendigkeit, die Schöpfung neuer und die Ausweitung existierender Rechte zu rechtfertigen« (a. a. O., S. 721).

rechte einführte, liefert für diese schrittweise Entfaltung ein Beispiel. In Artikel 151 ist von der »Gewährleistung eines menschenwürdigen Daseins für alle« die Rede. Hier versteckt sich der Begriff der Menschenwürde noch hinter der prädikativen Verwendung eines umgangssprachlich gebrauchten Wortes; 1944 jedoch bedient sich die Internationale Arbeitsorganisation (ILO) in ähnlichem Zusammenhang schon der unverkürzten Menschenwürderhetorik.[14] Und wenige Jahre später fordert die Allgemeine Erklärung der Menschenrechte in Artikel 22 bereits die Gewährung wirtschaftlicher, sozialer und kultureller Rechte, damit jeder unter Bedingungen leben könne, die »für seine Würde und die freie Entwicklung seiner Persönlichkeit unentbehrlich« sind.[15] Seitdem sprechen wir von verschiedenen »Generationen« von Menschenrechten. Aus der heuristischen Funktion der Menschenwürde erschließt sich auch der logische Zusammenhang der vier bekannten Kategorien von Rechten: Grundrechte können das moralische Versprechen, die Menschenwürde eines jeden zu achten, nur dann politisch einlösen, wenn sie in allen ihren Kategorien *gleichmäßig zusammenwirken*.[16]

Die *liberalen Freiheitsrechte*, die sich um die Unversehrtheit und Freizügigkeit der Person, um den freien Marktverkehr und die ungehinderte Religionsausübung kristallisieren und der Abwehr staatlicher Eingriffe in die Privatsphäre dienen, bilden

---

14 In der am 10. Mai 1944 in Philadelphia verabschiedeten Erklärung über die Ziele und Zwecke der Internationalen Arbeitsorganisation heißt es in Abs. 2a: »Alle Menschen, ungeachtet ihrer Rasse, ihres Glaubens und ihres Geschlechts, haben das Recht, materiellen Wohlstand und geistige Entwicklung in Freiheit und Würde, in wirtschaftlicher Sicherheit und unter gleich günstigen Bedingungen zu erstreben.«

15 »Everyone, as a member of society, has the right to social security and is entitled to realization, through national effort and international co-operation and in accordance with the organization and resources of each State, of the economic, social and cultural rights indispensable for his dignity and the free development of his personality.«

16 Georg Lohmann, »Die Menschenrechte: Unteilbar und gleichgewichtig? – Eine Skizze«, in: Georg Lohmann, Stefan Gosepath, Arnd Pollmann, Claudia Mahler, Norman Weiß, *Die Menschenrechte: Unteilbar und gleichgewichtig?*, Studien zu Grund- und Menschenrechten 11, Potsdam: Universitätsverlag Potsdam 2005, S. 5-20.

zusammen mit den *demokratischen Teilnahmerechten* das Paket der sogenannten klassischen Grundrechte. Tatsächlich können aber die Bürger von diesen Rechten erst dann einen chancengleichen Gebrauch machen, wenn gleichzeitig gesichert ist, dass sie in ihrer privaten und wirtschaftlichen Existenz hinreichend unabhängig sind und ihre persönliche Identität in der jeweils gewünschten kulturellen Umgebung sowohl ausbilden wie stabilisieren können. Die Erfahrungen von Exklusion, Elend und Diskriminierung lehren, dass die klassischen Grundrechte erst dann »den gleichen Wert« (Rawls) für alle Bürger erhalten, wenn *soziale* und *kulturelle Rechte* hinzutreten. Die Ansprüche auf eine angemessene Teilhabe an Wohlstand und Kultur ziehen der Abwälzung *systemisch erzeugter* Kosten und Risiken auf Einzelschicksale enge Grenzen. Sie richten sich gegen die Ausspreizung großer sozialer Unterschiede und gegen den Ausschluss ganzer Gruppen aus dem Gesamtkreislauf von Kultur und Gesellschaft. Eine Politik, wie sie in den letzten Jahrzehnten nicht nur in den USA und in Großbritannien, sondern auch auf dem europäischen Kontinent, ja in der ganzen Welt vorgeherrscht hat, eine Politik also, die vorgibt, den Bürgern ein selbstbestimmtes Leben *primär* über die Gewährleistung von Wirtschaftsfreiheiten garantieren zu können, zerstört das Gleichgewicht zwischen den verschiedenen Kategorien von Grundrechten. Die Menschenwürde, die überall und für jedermann ein und dieselbe ist, begründet die *Unteilbarkeit* der Grundrechte.

Aus dieser Entwicklung erklärt sich auch die Prominenz, die der Begriff in der Rechtsprechung erlangt hat. Je stärker die Grundrechte das ganze Rechtssystem durchdringen, umso häufiger greifen sie über die vertikale Beziehung des einzelnen Bürgers zum Staat hinaus und in die horizontalen Beziehungen zwischen den einzelnen Bürgern ein. Dabei häufen sich Kollisionen, die eine Abwägung zwischen konkurrierenden Grundrechtsansprüchen erforderlich machen.[17] In solchen *hard cases*

17 Die in Europa seit einem halben Jahrhundert geführte Diskussion über die sogenannte »Drittwirkung der Grundrechte« findet jüngst auch in den USA

wird eine begründete Entscheidung oft erst durch den Rekurs auf eine Verletzung der *absolut geltenden*, also Vorrang beanspruchenden Menschenwürde möglich. Dieser Begriff spielt mithin im Gerichtsdiskurs keineswegs die Rolle eines vagen Platzhalters für eine fehlende integrierte Konzeption von Menschenrechten. Die »Menschenwürde« ist ein Seismograph, der anzeigt, was für eine demokratische Rechtsordnung konstitutiv ist – nämlich genau die Rechte, die sich die Bürger eines politischen Gemeinwesens geben müssen, damit sie sich gegenseitig als Mitglieder einer freiwilligen Assoziation von Freien und Gleichen *achten* können. *Die Gewährleistung dieser Menschenrechte erzeugt erst den Status von Bürgern, die als Subjekte gleicher Rechte einen Anspruch darauf haben, in ihrer menschlichen Würde respektiert zu werden.*

Wir erkennen nach zweihundert Jahren moderner Verfassungsgeschichte besser, was diese Entwicklung *von Anbeginn* ausgezeichnet hat: Die Menschenwürde bildet gleichsam das Portal, durch das der egalitär-universalistische Gehalt der Moral ins Recht importiert wird. Die Idee der menschlichen Würde ist das begriffliche Scharnier, welches die Moral der gleichen Achtung für jeden mit dem positiven Recht und der demokratischen Rechtsetzung so zusammenfügt, dass aus deren Zusammenspiel unter entgegenkommenden historischen Umständen eine auf Menschenrechte gegründete politische Ordnung hervorgehen konnte. Zwar verraten die klassischen Menschenrechtserklärungen mit der Rede von »angeborenen« oder »unveräußerlichen« Rechten, »inherent« oder »natural rights«, »droits naturels, inaliénables et sacrés« noch die Herkunft aus religiösen und metaphysischen Lehren (»We hold these Truths to be self-evident, that all men are […] endowed with certain unalienable rights […]«), im weltanschaulich neutralen Staat haben solche Prädikate jedoch vor allem die Rolle von Platzhaltern; sie erinnern an den kognitiven, *staatlicher Verfügung entzogenen* Modus *einer allgemein zustimmungsfähigen Begrün-*

ein Echo; vgl. Stephen Gardbaum, »The ›horizontal effect‹ of constitutional rights«, in: *Michigan Law Review* 102/2003, S. 388-459.

dung des überschießenden moralischen Gehalts dieser Rechte. Auch den Gründungsvätern war klar, dass Menschenrechte ungeachtet ihrer rein moralischen Begründung demokratisch »erklärt« und im Rahmen eines politischen Gemeinwesens spezifiziert und implementiert werden mussten.

Weil das moralische Versprechen in der juristischen Münze eingelöst werden soll, zeigen Menschenrechte ein Janusgesicht, das gleichzeitig der Moral und dem Recht zugewandt ist.[18] Ungeachtet ihres ausschließlich moralischen *Inhalts* haben sie die *Form* positiver, strafbewehrter subjektiver Rechte, die dem Einzelnen Freiheitsspielräume und Ansprüche garantieren. Sie sind darauf angelegt, auf dem Wege der demokratischen Gesetzgebung *konkretisiert*, von Fall zu Fall durch Rechtsprechung *spezifiziert* und mit staatlichen Sanktionen *durchgesetzt* zu werden. Die Menschenrechte umschreiben also genau den Teil einer aufgeklärten Moral, der ins Medium des zwingenden Rechts übersetzt und in der robusten Gestalt effektiver Grundrechte politische Wirklichkeit werden *kann*.[19]

18 Georg Lohmann, »Menschenrechte zwischen Moral und Recht«, in: Stefan Gosepath/Georg Lohmann (Hg.), *Philosophie der Menschenrechte*, Frankfurt am Main: Suhrkamp 1998, S. 62-95.
19 Ich glaube nicht, dass mich diese Überlegung zu einer Revision meiner ursprünglichen Einführung des Systems der Rechte nötigt (Jürgen Habermas, *Faktizität und Geltung*, Frankfurt am Main: Suhrkamp 1992, Kap. III; vgl. auch, »Der demokratische Rechtsstaat – eine paradoxe Verbindung widersprüchlicher Prinzipien?«, in: Jürgen Habermas, *Philosophische Texte*, Bd. 4, *Politische Theorie*, Frankfurt am Main: Suhrkamp 2009 [2001], S. 154-175). Menschenrechte unterscheiden sich von moralischen Rechten unter anderem dadurch, dass sie auf eine Institutionalisierung angelegt sind, also erzeugt werden müssen, und dafür eine gemeinsame demokratische Willensbildung benötigen, während sich moralisch handelnde Personen ohne Weiteres als Subjekte betrachten, die *von Haus aus* in ein Netz moralischer Pflichten und Rechte eingebettet sind; vgl. Jeffrey Flynn, »Habermas on human rights: Law, morality, and intercultural dialogue«, in: *Social Theory and Praxis* 29/2003, S. 431-457. Seinerzeit habe ich freilich zwei Dinge nicht beachtet. Zum einen bilden die kumulativen Erfahrungen verletzter Würde eine Quelle der moralischen Motivation für die geschichtlich präzedenzlose verfassungsgebende Praxis am Ende des 18. Jahrhunderts; zum anderen bietet die statuserzeugende soziale Anerkennung der Würde des Anderen eine begriffliche Brücke zwischen dem moralischen Gehalt der gleichen Achtung für jeden und der Rechtsform der Menschenrechte. An dieser Stelle lasse ich dahingestellt, ob die Verschiebung der Aufmerksamkeit auf diese Sachverhalte weitere Konsequenzen

(2) In dieser seinerzeit völlig neuen Kategorie von Rechten werden zwei Elemente wieder zusammengeführt, die sich im Laufe der frühen Neuzeit aus der naturrechtlichen Symbiose von Tatsachen und Normen gelöst, verselbständigt und zunächst in entgegengesetzte Richtungen ausdifferenziert hatten. Auf der einen Seite steht die verinnerlichte, im subjektiven Gewissen verankerte und rational begründete Moral, die sich bei Kant ganz in den Bereich des Intelligiblen zurückzieht; auf der anderen Seite das zwingende, positiv gesatzte Recht, das absolutistischen Herrschern und altparlamentarischen Ständeversammlungen bei der Einrichtung der modernen Staatsanstalt und des kapitalistischen Warenverkehrs als machtgesteuertes Organisationsmittel dient. Der Begriff der Menschenrechte verdankt sich einer unwahrscheinlichen Synthese aus diesen beiden Elementen. *Und diese Verbindung hat sich über das begriffliche Scharnier der »Menschenwürde« vollzogen.* Das bildungssprachlich verfügbare Konzept der Menschenwürde ist im Prozess dieser Verbindung selbst transformiert worden. Dabei spielen offensichtlich auch jene umgangssprachlichen Vorstellungen von sozialer Würde eine Rolle, die sich in den Ständegesellschaften des europäischen Mittelalters und in den berufsständischen Gesellschaften der frühen Neuzeit jeweils mit einem besonderen Status verbunden hatten.[20] Für die im Folgenden entwickelte Hypothese bedarf es freilich noch genauerer historischer Belege, sowohl aus der Begriffsgeschichte als auch aus der Ideengeschichte der europäischen Revolutionen.

Im Hinblick auf die Genealogie der Menschenrechte möchte ich zwei Aspekte hervorheben: zum einen die Rolle der »Menschenwürde« beim Perspektivenwechsel von moralischen

für meine deflationistische Lesart des Diskursprinzips »D« bei der Begründung der Grundrechte hat; vgl. meine Auseinandersetzung mit den Einwänden Karl-Otto Apels in »Zur Architektonik der Diskursdifferenzierung. Kleine Replik auf eine große Auseinandersetzung«, in: Jürgen Habermas, *Zwischen Naturalismus und Religion*, Frankfurt am Main: Suhrkamp 2005, S. 84-105.

20 Vgl. zur Entstehung des Rechtskonzepts der Menschenwürde aus der Verallgemeinerung statusgebundener Würde Jeremy Waldron, »Dignity and rank«, in: *European Journal of Sociology* 48/2007, S. 201-237.

Pflichten zu juristischen Rechten (a), zum anderen die paradoxe Verallgemeinerung eines Begriffs, der ursprünglich nicht auf eine gleichmäßige Anerkennung der Würde eines jeden, sondern auf Status*differenzen* zugeschnitten war (b).

(a) Die modernen Lehren der Vernunftmoral und des Vernunftrechts stützen sich auf den Grundbegriff der Autonomie des Einzelnen und auf das Prinzip der gleichen Achtung für jeden. Diese gemeinsame Grundlage von Vernunftmoral und Vernunftrecht täuscht oft über die entscheidende Differenz hinweg: Während uns die Moral Pflichten auferlegt, die alle Handlungsbereiche lückenlos durchdringen, schafft das moderne Recht Freiräume für private Willkür und individuelle Lebensgestaltung. Unter der revolutionären Prämisse, dass rechtlich alles erlaubt ist, was nicht explizit verboten wird, bilden nicht Pflichten, sondern subjektive Rechte den Anfang für die Konstruktion von Rechtssystemen. Für Hobbes und das moderne Recht ist maßgebend die gleichmäßige Ermächtigung aller Personen, im Rahmen der Gesetze tun und lassen zu dürfen, was ihnen beliebt. Akteure nehmen eine andere Perspektive ein, wenn sie, statt moralische Gebote zu *befolgen*, ihre Rechte ausüben. In einer *moralischen Beziehung* fragt sich die eine Person, was sie einer anderen Person schuldet, ganz unabhängig davon, in welcher sozialen Beziehung sie zu ihr steht – wie fremd die andere Person ist, wie sie sich verhält und was von ihr zu erwarten ist. Personen, die in einer *Rechtsbeziehung* zueinander stehen, reagieren hingegen auf *Ansprüche*, die der jeweils andere ihnen gegenüber *erhebt*. In einer Rechtsgemeinschaft entstehen für die erste Person Verpflichtungen erst infolge von Ansprüchen, die eine zweite Person an sie richten kann.[21]

Stellen wir uns einen Polizeibeamten vor, der einer verdächtigen Person mit der widerrechtlichen Androhung von Folter

---

21 Georg Lohmann schreibt dazu: »Ein moralisches Recht gilt als begründet, wenn es eine korrespondierende, moralisch gebotene Pflicht gibt, die ihrerseits als begründet gilt [...], ein legales Recht, wenn es Bestandteil einer positiven Rechtsordnung ist, die als ganze Legitimität beanspruchen kann.« (»Menschenrechte zwischen Moral und Recht«, a. a. O., S. 66)

ein Geständnis abpressen will. In der Rolle der moralischen Person würde er schon bei dieser Drohung, erst recht bei der Zufügung der Schmerzen selbst ein schlechtes Gewissen haben, gleichviel wie sich der Delinquent verhält. Eine rechtliche Beziehung zwischen dem illegal handelnden Polizeibeamten und dem Verhörten wird erst aktualisiert, wenn *dieser* sich zur Wehr setzt und sein Recht einklagt (oder ein Staatsanwalt auf die Rechtsverletzung reagiert). Natürlich ist die bedrohte Person in beiden Fällen eine Quelle normativer Ansprüche, die durch Folter verletzt werden. Für das schlechte Gewissen des Täters genügt es aber, dass die Moral durch den Tathergang verletzt worden ist, während das objektiv verletzte Rechtsverhältnis latent bleibt, solange es nicht durch das Erheben eines Anspruchs aktualisiert wird.

Klaus Günther sieht deshalb im »Übergang von wechselseitigen moralischen Verpflichtungen zu wechselseitig gestifteten und eingeräumten Rechten« einen Akt »der Selbstermächtigung zur Selbstbestimmung«.[22] Der *Übergang von der Vernunftmoral zum Vernunftrecht* verlangt einen Wechsel von den symmetrisch verschränkten Perspektiven der Achtung und Wertschätzung der Autonomie *des jeweils Anderen* zu den Ansprüchen auf Anerkennung und Wertschätzung *der jeweils eigenen* Autonomie *vonseiten* des Anderen. An die Stelle der moralisch gebotenen *Schonung* des verletzbaren Anderen tritt die selbstbewusste *Forderung* nach rechtlicher Anerkennung als selbstbestimmtes Subjekt, das »nach seinem oder ihrem eigenen Urteil lebt, fühlt und handelt«.[23] Die von Staatsbürgern *reklamierte* Anerkennung geht über die gegenseitige moralische Anerkennung verantwortlich handelnder Subjekte hinaus; sie hat den handfesten Sinn des *eingeforderten* Respekts vor einem *verdien-*

22 Einen Übergang, den Georg Lohmann (ebd., S. 87) als Übergang von der Traditions- zur Aufklärungsmoral missverstehen scheint
23 Klaus Günther, »Menschenrechte zwischen Staaten und Dritten. Vom vertikalen zum horizontalen Verständnis der Menschenrechte«, in: Nicole Deitelhoff/Jens Steffek (Hg.), *Was bleibt vom Staat? Demokratie, Recht und Verfassung im globalen Zeitalter*, Frankfurt am Main: Campus 2009, S. 259-280, S. 275 f.

termaßen eingenommenen Status und zehrt in dieser Hinsicht von den Konnotationen jener »Würden«, die mit der Zugehörigkeit zu angesehenen Korporationen einmal verbunden waren.

(b) Der konkrete Begriff der Würde oder der »sozialen Ehre« gehört in die Welt der hierarchisch gegliederten traditionalen Gesellschaften. Dort konnte eine Person ihre Würde und Selbstachtung beispielsweise aus dem Ehrenkodex des Adels, dem Standesethos von Handwerkerzünften oder dem korporativen Bewusstsein von Universitäten beziehen. Wenn nun diese statusgebundenen Würden, die im Plural auftreten, zur allgemeinen Würde »des« Menschen zusammengezogen werden, streift diese neue, abstrakte Würde die jeweils besonderen Qualitäten eines ständischen Ethos ab. Gleichzeitig behält aber auch die universalisierte Würde, die allen Personen gleichermaßen zukommt, die Konnotation einer *Selbstachtung*, die auf *sozialer Anerkennung* beruht. Als eine solche Würde verlangt deshalb auch die Menschenwürde nach der Verankerung in einem bürgerlichen Status, das heißt nach der Zugehörigkeit zu einem organisierten Gemeinwesen in Raum und Zeit. Aber nun soll der Status für alle der gleiche sein. Der Begriff der Menschenwürde überträgt den Gehalt einer Moral der gleichen Achtung für jeden auf die Statusordnung von Staatsbürgern, die ihre Selbstachtung daraus schöpfen, dass sie von allen anderen Bürgern als *Subjekte gleicher einklagbarer Rechte* anerkannt werden.

Dabei ist nicht unwichtig, dass dieser Status nur im Rahmen eines Verfassungsstaates etabliert werden kann, der niemals naturwüchsig entsteht. Dieser muss vielmehr von den Bürgern selbst *mit den Mitteln des positiven Rechts erzeugt* und unter historisch wechselnden Umständen geschützt und fortentwickelt werden. Als moderner Rechtsbegriff verbindet sich die Menschenwürde mit dem Status, den Bürger in der *selbsterzeugten* politischen Ordnung einnehmen. Die Bürger kommen als Adressaten nur in den Genuss von Rechten, die ihre Menschenwürde schützen, wenn sie es gemeinsam schaffen, eine auf Menschenrechte gegründete politische Ordnung zu stiften und zu erhalten.[24] Die Würde, die der staatsbürgerliche Status verleiht, zehrt von der republikanischen Wertschätzung dieser demokratischen Leistung und einer entsprechenden Orientierung am Gemeinwohl. Das erinnert an die Bedeutung, die im klassischen Rom mit dem Wort *dignitas* verknüpft war – an das Ansehen von Staatsmännern und Amtsträgern, die sich um die *res publica* verdient gemacht haben. Die Distinktion der wenigen herausgehobenen »Würdenträger« und Honoratioren steht freilich im Gegensatz zu der Würde, die der Verfassungsstaat *allen* Bürgern *gleichermaßen* garantiert.

Jeremy Waldron weist auf den paradoxen Sachverhalt hin, dass der egalitäre Begriff der Menschenwürde aus einer Verallgemeinerung partikularistischer Würden resultiert, welche die Konnotation der »feinen Unterschiede« nicht restlos verlieren darf: »Der Begriff der ›Würde‹, der zuvor mit der hierarchischen Differenzierung nach Rang und Status assoziiert war, bringt nun die Idee zum Ausdruck, dass alle Menschen den gleichen Rang haben, und zwar einen sehr hohen.«[25] Waldron stellt sich die Verallgemeinerung so vor, dass jetzt alle Bürger einen möglichst hohen Rang einnehmen, beispielsweise den, der einst dem Adel vorbehalten war. Aber trifft das den Sinn der gleichen Menschenwürde eines jeden? Auch die direkten Vorläufer, die der Begriff der Menschenwürde in der griechischen Philosophie, vor allem in der Stoa und im römischen Humanismus – etwa bei Cicero – hat, bilden keine semantische Brücke zum egalitären Sinn des modernen Konzepts. Damals erklärte sich die *dignitas humana* aus einer ontologisch ausgezeichneten Stellung des Menschen im Kosmos, aus dem beson-

24 Die Menschenrechte stehen daher nicht im Gegensatz zur Demokratie, sondern sind mit dieser gleichursprünglich. Sie stehen im Verhältnis wechselseitiger Voraussetzung: Menschenrechte ermöglichen den demokratischen Prozess, ohne den sie ihrerseits nicht positiviert und – im Rahmen des grundrechtlich konstituierten Verfassungsstaates – konkretisiert werden könnten; vgl. zur diskurstheoretischen Begründung Klaus Günther, »Liberale und diskurstheoretische Deutungen der Menschenrechte«, in: Winfried Brugger, Ulfrid Neumann und Stephan Kirste (Hg.), *Rechtsphilosophie im 21. Jahrhundert*, Frankfurt am Main: Suhrkamp 2008, S. 338-359.
25 Waldron, »Dignity and rank«, a. a. O, S. 201.

deren Rang, den der Mensch aufgrund von Gattungseigenschaften wie Vernunftbegabung und Reflexion gegenüber »niederen« Lebewesen einnimmt. Die Höherwertigkeit der Spezies kann vielleicht einen Artenschutz begründen, aber nicht die Unantastbarkeit der Würde der einzelnen Person als Quelle normativer Ansprüche.

Zwei entscheidende Schritte in der Genealogie des Begriffs fehlen noch. Zur kollektiven Verallgemeinerung musste erstens die Individualisierung hinzutreten. Es geht um den *Wert des Einzelnen* in den horizontalen Beziehungen zwischen den Menschen, nicht um die Stellung »des« Menschen in der vertikalen Beziehung zu Gott oder zu untergeordneten Seinsstufen. Zweitens musste an die Stelle der relativen Höherwertigkeit der Menschheit und ihrer einzelnen Mitglieder der absolute Wert der Person treten. Es geht um den *unvergleichlichen Wert* eines jeden. Diese beiden Schritte sind in Europa auf dem Wege einer philosophischen Aneignung von Motiven und Denkfiguren der jüdisch-christlichen Überlieferung erfolgt, an die ich kurz erinnern möchte.[26]

Zwischen *dignitas* und *persona* wurde schon in der Antike ein enger Zusammenhang hergestellt, doch erst in den mittelalterlichen Diskussionen über die Gottesebenbildlichkeit des Menschen tritt die individuelle Person aus ihrer Rollenstruktur hervor. Jeder erscheint als unvertretbare und unverwechselbare Person vor dem Jüngsten Gericht. Eine andere Station in der Begriffsgeschichte der Individualisierung bilden die Ansätze zur Unterscheidung subjektiver Rechte von der objektiven Naturrechtsordnung in der spanischen Spätscholastik.[27] Die entscheidende Weichenstellung ist freilich die Moralisie-

---

26 Vgl. zum theologischen Hintergrund des Menschenwürdebegriffs die ideengeschichtliche Untersuchung Tine Steins (*Himmlische Quellen und irdisches Recht. Religiöse Voraussetzungen des freiheitlichen Verfassungsstaates*, Frankfurt am Main: Campus 2007, insbesondere Kap. 7); vgl. auch Wolfgang Huber, *Gerechtigkeit und Recht. Grundlinien christlicher Rechtsethik*, Gütersloh: Chr. Kaiser 1996, S. 222-286.

27 Ernst-Wolfgang Böckenförde, *Geschichte der Rechts- und Staatsphilosophie*, Tübingen: Mohr Siebeck 2002, S. 312-370.

rung des Verständnisses individueller Freiheit bei Hugo Grotius und Samuel von Pufendorf. Kant spitzt dieses Verständnis deontologisch auf einen Begriff von Autonomie zu, der seine Radikalität allerdings mit einem körperlosen Status des freien Willens im weltenthobenen »Reich der Zwecke« bezahlt. Freiheit besteht nun in der Fähigkeit der Person zur vernünftigen Selbstgesetzgebung. Das Verhältnis vernünftiger Wesen zueinander ist durch die gegenseitige Anerkennung des allgemein gesetzgebenden Willens eines jeden bestimmt, wobei jeder »sich selbst und alle andere niemals bloß als Mittel, sondern jederzeit zugleich als Zweck an sich selbst behandeln« soll.[28] Damit sind die Grenzen einer Sphäre bezeichnet, die der Verfügung eines Anderen absolut entzogen bleiben muss. Die »unendliche Würde« jeder Person besteht in dem Anspruch, dass alle anderen diese Sphäre des freien Willens als unantastbar respektieren.

Interessanterweise erhält bei Kant die menschliche Würde keinen systematischen Stellenwert; die ganze Begründungslast trägt die moralphilosophische Erklärung der Autonomie: »Autonomie ist also der Grund der Würde der menschlichen und jeder vernünftigen Natur.«[29] Bevor wir verstehen können, was »menschliche Würde« heißt, müssen wir das »Reich der Zwecke« begreifen.[30] In der *Rechtslehre* führt Kant Menschenrechte – oder vielmehr das »einzige« Recht, das jedem »kraft seiner Menschheit« zusteht – im unmittelbaren Durchgriff auf die Freiheit eines jeden ein, »sofern sie mit jedes anderen Freiheit nach einem allgemeinen Gesetz zusammen bestehen kann«.[31] Auch bei ihm schöpfen die Menschenrechte den moralischen

---

28 Immanuel Kant, *Grundlegung zur Metaphysik der Sitten*, in: *Werkausgabe in zwölf Bänden*, herausgegeben von Wilhelm Weischedel, Bd. VII, Frankfurt am Main: Suhrkamp 1968, S. 11-102, S. 66.

29 Ebd., S. 69.

30 »Im Reiche der Zwecke hat alles entweder einen Preis, oder eine Würde. Was einen Preis hat, an dessen Stelle kann auch etwas anderes, als Äquivalent, gesetzt werden; was dagegen über allen Preis erhaben ist, mithin kein Äquivalent verstattet, das hat eine Würde.« (Ebd., S. 68)

31 Immanuel Kant, *Die Metaphysik der Sitten, Rechtslehre*, in: *Werkausgabe in zwölf Bänden*, Bd. VIII, a. a. O., S. 309-499, S. 345.

Gehalt, den sie in der Sprache des positiven Rechts ausbuchstabieren, aus der Quelle einer universalistisch und individualistisch verstandenen Menschenwürde. Aber diese fällt mit einer intelligiblen Freiheit jenseits von Raum und Zeit zusammen und streift genau die Statuskonnotationen ab, die sie zum historischen Verbindungsglied zwischen Moral und Menschenrechten erst qualifiziert haben. Der Witz des Rechtscharakters der Menschenrechte besteht aber darin, dass sie eine menschliche Würde schützen, die ihre Konnotationen von Selbstachtung und sozialer Anerkennung aus einem Status in Raum und Zeit – ebendem des demokratischen Staatsbürgers – bezieht.[32]

Wir haben begriffsgeschichtlich drei Elemente zusammengesucht: einen hoch moralisierten Begriff von Menschenwürde, die Erinnerung an ein traditionelles Verständnis von sozialer Würde und, mit der Entstehung des modernen Rechts, die selbstbewusste Einstellung von Rechtspersonen, die Ansprüche gegen andere Rechtspersonen erheben. Wir müssten nun von der Begriffsgeschichte zur sozialen und politischen Geschichte übergehen, um die Dynamik des Zusammenschließens von Inhalten der Vernunftmoral mit der Form des positiven Rechts über eine Verallgemeinerung der ursprünglich statusgebundenen »Würde« zur »Menschenwürde« wenigstens plausibel zu machen. Dazu ein eher illustrativer als historisch stichfester Hinweis. Das Einklagen und Durchsetzen von Menschenrechten ist selten friedlich verlaufen. Menschenrechte sind aus gewaltsamen, manchmal revolutionären Kämpfen um Anerkennung hervorgegangen.[33] Im Rückblick können wir uns die mi-

---

32 Unter den Prämissen von Kants eigener Theorie ist eine solche »Vermittlung« zwischen dem transzendentalen Reich der Freiheit und dem phänomenalen der Notwendigkeit weder nötig noch möglich. Aber sobald der Charakter des freien Willens detranszendentalisiert wird (wie in der *Theorie des kommunikativen Handelns*), muss der Abstand zwischen Moral und Recht überbrückt werden. Genau das leistet der statusabhängige Begriff der menschlichen Würde.

33 Vgl. Axel Honneth, *Kampf um Anerkennung. Zur moralischen Grammatik sozialer Konflikte*, Frankfurt am Main: Suhrkamp 1992.

litante Situation vorstellen, in der sich jene drei begrifflichen Elemente in den Köpfen der ersten Freiheitskämpfer (sagen wir: der Levellers) miteinander verschränkt haben könnten. Historische Erfahrungen von Erniedrigung und Entwürdigung, die bereits im Lichte eines christlich-egalitär geprägten Verständnisses von Menschenwürde interpretiert worden sind, waren ein Motiv zum Widerstand. Aber jetzt konnte sich die politische Empörung schon in der Sprache des positiven Rechts als selbstbewusste Forderung nach allgemeinen Rechten artikulieren. Vielleicht verband sich damit – in Erinnerung an das vertraute Standeskonzept der Würde – auch bereits die Erwartung, solche Grundrechte würden einen Status von Staatsbürgern begründen, welche sich gegenseitig als die Subjekte gleicher Rechte anerkennen.

(3) Die kämpferische Herkunft erklärt den polemischen Charakter, den die Menschenrechte bis heute behalten haben, nur zum Teil. Es ist auch die moralische Aufladung, die diesen staatlich sanktionierten Rechten etwas Unsaturiertes verleiht. Dieser Charakter erklärt, warum mit den beiden Verfassungsrevolutionen am Ende des 18. Jahrhunderts eine provokative Spannung in die Gesellschaften der Moderne eingezogen ist. Im sozialen Raum besteht natürlich überall und immer ein Gefälle zwischen Normen und tatsächlichem Verhalten; aber mit der historisch vorbildlosen Praxis der Schaffung einer demokratischen Verfassung entsteht ein ganz anderes, in die Zeitdimension verschobenes utopisches Gefälle. Einerseits können Menschenrechte nur in einem partikularen Gemeinwesen, zunächst innerhalb eines Nationalstaates, die positive Geltung von Grundrechten erlangen. Andererseits würde sich ihr universalistischer, über alle nationalen Grenzen hinausweisender Geltungsanspruch allein in einem weltweit inklusiven Gemeinwesen einlösen lassen.[34] Eine vernünftige Auflösung fände die-

34 Albrecht Wellmer, »Menschenrechte und Demokratie«, in: Gosepath/Lohmann, *Philosophie der Menschenrechte*, a. a. O., S. 265-291; vgl. für eine scharfsinnige Analyse der Implikationen, die die fehlende Deckungsgleichheit zwischen Menschen- und Bürgerrechten für die im Lande lebenden »Ausländer«

ser Widerspruch erst in einer demokratisch verfassten Weltgesellschaft (die deshalb nicht selbst staatliche Qualitäten annehmen müsste).[35] Zwischen Menschen- und Bürgerrechten besteht von Anbeginn eine dialektische Spannung, die unter günstigen historischen Umständen eine »Türen öffnende Dynamik« (Lutz Wingert) auslösen kann.

Das soll nicht heißen, dass die Intensivierung des Menschenrechtsschutzes im Inneren der Nationalstaaten und die globale Ausbreitung der Menschenrechte nach außen je ohne soziale Bewegungen und politische Kämpfe, ohne den unverzagten Widerstand gegen Repression und Entwürdigung möglich gewesen wäre. Der Kampf um die Durchsetzung der Menschenrechte geht weiter, nicht weniger in unseren eigenen Ländern als beispielsweise in China, in Afrika oder in Russland, in Bosnien oder im Kosovo. Jede Abschiebung eines Asylbewerbers

eines demokratischen Rechtsstaates hat, Erhard Denninger, »›Die Rechte der Anderen‹. Menschenrechte und Bürgerrechte im Widerstreit«, in: *Kritische Justiz* 3/2009, S. 226-238.
35 Vgl. dazu meine Texte »Zur Legitimation durch Menschenrechte« (1998), »Hat die Konstitutionalisierung des Völkerrechts noch eine Chance?« (2004) und »Konstitutionalisierung des Völkerrechts und die Legitimationsprobleme einer verfaßten Weltgesellschaft« (2008), in: *Philosophische Texte*, Bd. 4, *Politische Theorie*, a. a. O., S. 298-312, S. 313-401 und S. 402-424. Der Widerspruch zwischen Bürger- und Menschenrechten kann nicht allein durch eine globale Ausbreitung der Verfassungsstaaten in Kombination mit dem von Hannah Arendt (angesichts der Situation der *displaced persons* am Ende des Zweiten Weltkrieges) geforderten »Recht, Rechte zu haben«, aufgelöst werden, weil das klassische Völkerrecht die internationalen Beziehungen in einem »Naturzustand« belässt. Den inzwischen eingetretenen Koordinationsbedarf der Weltgesellschaft könnte nur ein »kosmopolitischer Rechtszustand« (im zeitgenössisch revidierten Kantischen Sinne) bewältigen.
In diesem Zusammenhang muss ich ein schwerwiegendes Missverständnis in der Einleitung zum Sonderheft *Symposium on Human Rights: Origins, Violations, and Rectifications* (Bd. 40/Nr. 1, 2009, S. 2) der Zeitschrift *Metaphilosophy* (und in Andreas Føllesdals Artikel »Universal human rights as a shared political identity. Necessary? Sufficient? Impossible?«, ebd., S. 78-91, S. 85 ff.) ausräumen. Natürlich vertrete ich seit Langem die These, dass die kollektive Identität demokratischer Gemeinwesen über die Grenzen der bestehenden Nationalstaaten hinaus erweitert werden kann, und teile keineswegs die Vorbehalte, die liberale Nationalisten in dieser Hinsicht hegen. Im Zuge meines Plädoyers für das Mehrebenensystem einer verfassten Weltgesellschaft habe ich andere Gründe für die These entwickelt, dass eine Weltregierung weder wünschenswert noch machbar ist.

hinter den verschlossenen Türen eines Flughafens, jedes kenternde Schiff mit Armutsflüchtlingen auf der Mittelmeerroute zwischen Libyen und der Insel Lampedusa, jeder Schuss am Grenzzaun zu Mexiko ist eine weitere beunruhigende Frage an die Bürger des Westens. Mit der ersten Menschenrechtserklärung ist ein Standard gesetzt worden, der die Flüchtlinge, die ins Elend Gestürzten, die Ausgeschlossenen, Beleidigten und Erniedrigten inspirieren und ihnen das Bewusstsein geben kann, dass ihr Leiden nicht den Charakter eines Naturschicksals hat. Mit der Positivierung des ersten Menschenrechts ist eine *Rechtspflicht* zur Realisierung überschießender moralischer Gehalte erzeugt worden, die sich in das Gedächtnis der Menschheit eingegraben hat.

Die Menschenrechte bilden insofern eine *realistische* Utopie, als sie nicht länger die sozialutopisch ausgemalten Bilder eines kollektiven Glücks vorgaukeln, sondern das ideale Ziel einer gerechten Gesellschaft in den Institutionen der Verfassungsstaaten selbst verankern.[36] Mit dieser überschießenden Idee der Gerechtigkeit zieht freilich auch eine problematische Spannung in die politische und gesellschaftliche Realität ein. Ganz abgesehen von der bloß symbolischen Kraft der Grundrechte in manchen Fassadendemokratien Südamerikas und anderswo[37] zeigt sich an der Menschenrechtspolitik der Vereinten Nationen der Widerspruch zwischen der Verbreitung der Menschenrechtsrhetorik auf der einen, ihrem Missbrauch als Legitimationshilfe für die übliche Machtpolitik auf der anderen Seite. Die UN-Generalversammlung treibt zwar die *völkerrechtliche Kodifikation* und die inhaltliche Ausdifferenzierung der Menschenrechte voran, beispielsweise mit der Verabschiedung der Menschenrechtspakte. Auch die *Institutionalisierung* der Menschenrechte hat Fortschritte gemacht – mit dem Verfahren der Individualbeschwerde, mit den periodischen Berich-

---

36 Ernst Bloch, *Naturrecht und menschliche Würde*, Frankfurt am Main: Suhrkamp 1961.

37 Marcelo Neves, »The symbolic force of human rights«, in: *Philosophy & Social Criticism* 33/2007, S. 411-444.

ten über die Menschenrechtssituation in einzelnen Staaten, vor allem mit der Einrichtung internationaler Gerichte wie des Europäischen Gerichtshofs für Menschenrechte, verschiedener Kriegsverbrechertribunale und des Internationalen Strafgerichtshofes. Am spektakulärsten sind die humanitären Interventionen, die der Sicherheitsrat im Namen der internationalen Gemeinschaft notfalls auch gegen den Willen souveräner Regierungen beschlossen hat. Gerade an diesen Fällen zeigt sich aber die Problematik des Versuchs, eine einstweilen nur in Bruchstücken institutionalisierte Weltordnung voranzutreiben. Denn schlimmer als die Erfolglosigkeit legitimer Versuche ist ihre Zweideutigkeit, welche die moralischen Maßstäbe selbst ins Zwielicht rückt.[38]

Ich erinnere an die Selektivität und Einäugigkeit der Entscheidungen des nicht repräsentativen Sicherheitsrates, die alles andere als unparteilich sind, oder an die halbherzigen und inkompetenten Versuche, beschlossene Interventionen durchzuführen – und an deren gelegentlich katastrophales Scheitern (Somalia, Ruanda, Darfur). Noch werden diese Polizeieinsätze wie Kriege geführt, in denen das Militär Tod und Elend der unschuldigen Bevölkerung als »Kollateralschaden« abschreibt (Kosovo). Noch haben die intervenierenden Mächte in keinem Fall bewiesen, dass sie die Kraft und Ausdauer zum *state-building*, das heißt zum Wiederaufbau der in den befriedeten Gebieten zerstörten oder zerfallenen Infrastrukturen, aufbringen

---

38 Außerdem zerstört die heute übliche »gubernative Menschenrechtspolitik« zunehmend den Zusammenhang von Menschenrechten und Demokratie; vgl. dazu Klaus Günther, »Menschenrechte zwischen Staaten und Dritten« (a. a. O.) in Verbindung mit Ingeborg Maus, »Menschenrechte als Ermächtigungsnormen internationaler Politik oder: der zerstörte Zusammenhang von Menschenrechten und Demokratie«, in: Hauke Brunkhorst, Wolfgang R. Köhler und Matthias Lutz-Bachmann (Hg.), *Recht auf Menschenrechte*, Frankfurt am Main: Suhrkamp 1999, S. 276-292; vgl. zu diesem Trend jetzt auch Klaus Günther, »Von der gubernativen zur deliberativen Menschenrechtspolitik. Die Definition und Fortentwicklung der Menschenrechte als Akt kollektiver Selbstbestimmung«, in: Gret Haller/Klaus Günther/Ulfrid Neumann (Hg.), *Menschenrechte und Volkssouveränität in Europa: Gerichte als Vormund der Demokratie?*, Frankfurt am Main: Campus 2011, S. 45-60.

(Afghanistan). Wenn die Menschenrechtspolitik gar zum Feigenblatt und Vehikel der Durchsetzung von Großmachtinteressen wird; wenn die Supermacht die UN-Charta beiseiteschiebt, um sich ein Interventionsrecht anzumaßen; wenn sie unter Verletzung des humanitären Völkerrechts eine Invasion durchführt und im Namen universaler Werte rechtfertigt; dann bestätigt sich der Verdacht, dass das Programm der Menschenrechte in seinem imperialistischen Missbrauch *besteht*.[39]

Die Spannung zwischen Idee und Wirklichkeit, die mit der Positivierung der Menschenrechte in die Wirklichkeit selbst einbricht, konfrontiert uns heute mit der Herausforderung, realistisch zu denken und zu handeln, ohne den utopischen Impuls zu verraten. Diese Ambivalenz führt uns nur zu leicht in Versuchung, sich entweder idealistisch, aber unverbindlich auf die Seite der überschießenden moralischen Gehalte zu schlagen oder die zynische Pose des sogenannten »Realisten« einzunehmen.

---

39 Diesen Verdacht hat als Erster Carl Schmitt auf den Begriff gebracht; vgl. Carl Schmitt, *Die Wendung zum diskriminierenden Kriegsbegriff*, Berlin: Duncker & Humblot 1988 (1938); ders., *Das internationalrechtliche Verbrechen des Angriffskrieges und der Grundsatz »Nullum crimen, nulla poena sine lege«*, herausgegeben, mit Anmerkungen und einem Nachwort versehen von Helmut Quaritsch, Berlin: Duncker & Humblot 1994 (1945). Schmitt denunziert die Menschenrechte vor allem als die Ideologie, die Kriege als legitimes Mittel zur Lösung internationaler Auseinandersetzungen diskriminiert. Schon das Friedensideal der Wilson'schen Politik bewirke, dass »die Unterscheidung von gerechten und ungerechten Kriegen« zu einer »immer tieferen und schärferen, immer totaleren Unterscheidung von Freund und Feind« führt (*Die Wendung zum diskriminierenden Kriegsbegriff*, a. a. O., S. 50). In den naturwüchsigen internationalen Beziehungen sei die Moralisierung von Feinden eine fatale Methode zur Verschleierung eigener Interessen, denn der Angreifer verschanze sich hinter der scheinbar transparenten Fassade einer angeblich vernünftigen, weil humanitären Abschaffung des Krieges. Die Kritik an einer »Moralisierung« des Krieges im Namen der Menschenrechte geht freilich ins Leere, weil sie deren Pointe, nämlich die *Überführung* moralischer Gehalte ins Medium des zwingenden Rechts, verfehlt. In dem Maße, wie die Ächtung des Krieges faktisch zur Verrechtlichung internationaler Beziehungen führt, wird die naturrechtliche oder religiöse Unterscheidung zwischen »gerechten« und »ungerechten« Kriegen zugunsten »legaler« Kriege, welche dann die Form weltpolizeilicher Maßnahmen annehmen müssen, gerade aufgegeben; vgl. dazu Klaus Günther, »Kampf gegen das Böse? Zehn Thesen wider die ethische Aufrüstung der Kriminalpolitik«, in: *Kritische Justiz* 27/1994, S. 135-157.

Weil es nicht länger realistisch ist, im Gefolge Carl Schmitts die Menschenrechtsprogrammatik, die inzwischen mit ihrer subversiven Kraft weltweit in die Poren *aller* Regionen eingesickert ist, in Bausch und Bogen zu verwerfen, nimmt der »Realismus« heute ein anderes Gesicht an. An die Stelle der frontal entlarvenden Kritik tritt eine milde Deflationierung der Menschenrechte. Dieser neue Minimalismus betreibt Entspannung, indem er die Menschenrechte von ihrem wesentlichen moralischen Antrieb, dem Schutz der gleichen Menschenwürde eines jeden, abschneidet.

Kenneth Baynes unterscheidet diesen Ansatz in Anlehnung an John Rawls als eine »politische« Menschenrechtskonzeption[40] von naturrechtlichen Vorstellungen »angeborener« Rechte, die jeder Person allein aufgrund ihrer Menschennatur zukommen sollen: »Menschenrechte werden verstanden als Bedingungen der Inklusion in eine politische Gemeinschaft.«[41] Dem stimme ich zu. Problematisch ist der nächste Zug, der darin besteht, den moralischen Sinn dieser Inklusion – dass jeder als Subjekt gleicher Rechte in seiner menschlichen Würde respektiert wird – auszublenden. Angesichts der fatalen Fehlschläge der Menschenrechtspolitik ist gewiss Vorsicht geboten. Diese bieten aber keinen ausreichenden Grund dafür, die Menschenrechte selbst ihres moralischen Mehrwerts zu berauben und den Fokus der Menschenrechtsthematik von vornherein auf Fragen der *internationalen* Politik einzuengen.[42] Der Minimalismus vergisst, dass das fortbestehende *innerstaatliche* Spannungsverhältnis zwischen universalen Menschenrechten und partikularen Bürgerrechten der normative Grund für die in-

---

40 Kenneth Baynes, »Toward a political conception of Human Rights«, in: *Philosophy and Social Criticism* 35/2009, S. 371-390.

41 Kenneth Baynes, »Discourse ethics and the political conception of human rights«, in: *Ethics & Global Politics* 2/2009, S. 1-21.

42 »Menschenrechte werden in erster Linie als internationale Normen verstanden, die darauf abzielen, fundamentale menschliche Interessen zu schützen und sicherzustellen, dass Individuen die Möglichkeit offensteht, als Mitglieder an der politischen Gesellschaft teilzuhaben.« (Ebd., S. 7)

ternationale Dynamik ist.[43] Die globale Ausbreitung der Menschenrechte bedarf, wenn man diesen Zusammenhang nicht berücksichtigt, einer separaten Begründung. Dem dient das Argument, dass in internationalen Beziehungen moralische Verpflichtungen zwischen Staaten (und Bürgern) erst aus der wachsenden systemischen Verflechtung einer zunehmend interdependenten Weltgesellschaft entstehen.[44] Aus dieser Sicht ergeben sich Inklusionsansprüche erst aus reziproken Abhängigkeiten in *faktisch* eingespielten Interaktionen.[45] Dieses Argument hat eine gewisse Erklärungskraft für die empirische Frage, wie sich in unseren Wohlstandsgesellschaften eine Empfindlichkeit für den legitimen Anspruch marginalisierter und unterprivilegierter Bevölkerungsgruppen, die in liberale Lebensverhältnisse einbezogen werden wollen, herausbildet. Die normativen Ansprüche selbst begründen sich jedoch aus einer universalistischen Moral, deren Gehalte über die Idee der Menschenwürde längst in die Menschen- und Bürgerrechte demokratischer Verfassungen Eingang gefunden haben. Allein über diesen *internen* Zusammenhang zwischen Menschenwürde und Menschenrechten

43 Vgl. zur Kritik an dieser minimalistischen Position Rainer Forst, »The justification of human rights and the basic right to justification. A reflexive approach«, in: *Ethics* 120/2010, S. 711-740. Dort heißt es:
»Ganz allgemein ist es irreführend, die politisch-rechtliche Funktion solcher Rechte als Begründung für eine Politik der legitimen Intervention hervorzuheben. Dies würde nämlich bedeuten, das Pferd von hinten aufzuzäumen. Wir müssen zunächst im ersten Schritt eine gerechtfertigte Anzahl von Menschenrechten konstruieren (oder finden), die eine legitime politische Autorität zu achten und zu gewährleisten hat, bevor wir im zweiten Schritt die Frage stellen können, welche Art von rechtlichen Strukturen auf der internationalen Ebene erforderlich sind, um diese Rechte zu überwachen und sicherzustellen, dass politische Herrschaft auch tatsächlich auf diese Weise ausgeübt wird.« (S. 726)
Abgesehen davon, suggeriert die skizzierte Blickverengung auf internationale Beziehungen die Vorstellung eines paternalistischen Menschenrechtsexports, mit dem der Westen den Rest der Welt beglückt.
44 Joshua Cohen, »Minimalism about human rights: The most we can hope for?«, in: *The Journal of Political Philosophy* 12/2004, S. 190-213.
45 »Rechte und die entsprechenden Pflichten entstehen weniger als Ansprüche, die den Individuen kraft ihres Menschseins zukommen, als vielmehr aus den besonderen Beziehungen zwischen den Individuen.« (Kenneth Baynes, »Toward a political conception of Human Rights«, a. a. O., S. 382)

wird jener explosive Anschluss der Moral ans Rechtsmedium hergestellt, in dem die Konstruktion gerechterer politischer Ordnungen vorgenommen werden muss.

Diese moralische Aufladung des Rechts ist ein Ergebnis der Verfassungsrevolutionen des 18. Jahrhunderts. Wer diese Spannung neutralisiert, verzichtet auch auf ein dynamisches Verständnis, das die Bürger unserer eigenen, halbwegs liberalen Gesellschaften für eine immer intensivere Ausschöpfung der bestehenden Grundrechte und für die immer wieder akute Gefahr der Aushöhlung verbürgter Freiheitsrechte sensibilisiert.

Die Krise der Europäischen Union im Lichte einer Konstitutionalisierung des Völkerrechts
Ein Essay zur Verfassung Europas[46]

I. Warum Europa heute erst recht ein Verfassungsprojekt ist

In der gegenwärtigen Krise hört man oft die Frage, warum wir überhaupt an der Europäischen Union, gar an dem alten Ziel einer »immer engeren politischen Union« festhalten sollten, wo sich doch das ursprüngliche Motiv, Kriege in Europa unmöglich zu machen, erschöpft habe. Darauf gibt es mehr als eine Antwort. Im Folgenden möchte ich aus der Sicht einer Konstitutionalisierung des Völkerrechts,[47] die mit Kant weit über den *status quo* hinaus auf einen künftigen kosmopolitischen Rechtszustand vorausweist,[48] ein neues überzeugendes

---

46 Ich danke Armin von Bogdandy für seine detaillierte Hilfestellung sowie Claudio Franzius und Christoph Möllers für ihre kritischen Ratschläge.

47 Jochen Abr. Frowein, »Konstitutionalisierung des Völkerrechts«, in: Jürgen Dicke et al., *Völkerrecht und Internationales Privatrecht in einem sich globalisierenden internationalen System*, Berichte der Deutschen Gesellschaft für Völkerrecht, Bd. 39, Heidelberg: C. F. Müller 2000, S. 427-447. Diese Perspektive liegt zwar insbesondere der deutschen Rechtswissenschaft nahe, sie drängt sich aber heute vor allem aus politischen Gründen auf; vgl. dazu das Vorwort in Claudio Franzius, Franz C. Mayer und Jürgen Neyer (Hg.), *Strukturfragen der Europäischen Union*, Baden-Baden: Nomos 2010, S. 16. Eine brillante Analyse des deutschsprachigen Beitrags zur Geschichte des Völkerrechts, die auch ein Licht auf den prominenten Stellenwert der Idee einer Konstitutionalisierung des Völkerrechts in der deutschen Jurisprudenz wirft, bietet Martti Koskenniemi in seinem Aufsatz »Between coordination and constitution. Law as German discipline« (erscheint in: *Redescriptions. Yearbook of Political Thought, Conceptual History and Feminist Theory*).

48 Vgl. zu dieser Interpretation von Kant, der das Modell des Staatenbundes nur als Schritt auf dem Weg zu einer weiter gehenden Integration der Völker be-

Narrativ entwickeln: Die Europäische Union lässt sich als ent-
scheidender Schritt auf dem Weg zu einer politisch verfassten
Weltgesellschaft begreifen.[49] Zwar sind die europafreundlichen
Energien auf dem mühsamen Weg zum Lissaboner Vertrag im
Streit über solche verfassungspolitischen Fragen zerrieben worden; aber ganz abgesehen von den verfassungsrechtlichen Konsequenzen der nun geplanten europäischen »Wirtschaftsregierung« empfiehlt sich diese Perspektive heute aus zwei weiteren
Gründen. Zum einen hat sich die gegenwärtige Debatte auf die
unmittelbaren Auswege aus der aktuellen Banken-, Währungs-
und Schuldenkrise verengt und dabei die politische Dimension
aus den Augen verloren (1); zum anderen versperren falsche
politische Begriffe den Blick auf die zivilisierende Kraft der
demokratischen Verrechtlichung – und damit auf das Versprechen, das von Anbeginn mit dem europäischen Verfassungs-
projekt verbunden war (2).

(1) Die ökonomistische Blickverengung ist umso unver-
ständlicher, als sich die Fachleute in der Diagnose der tieferen
Ursache der Krise einig zu sein scheinen: Der Europäischen
Union fehlen die Kompetenzen für die notwendige Harmonisierung der in ihrer Wettbewerbsfähigkeit drastisch ausein-
anderdriftenden nationalen Ökonomien. Gewiss, kurzfristig

---

trachtet, Ulrich Thiele, »Von der Volkssouveränität zum Völker(staats)recht.
Kant – Hegel – Kelsen: Stationen einer Debatte«, in: Oliver Eberl (Hg.), *Transnationalisierung der Volkssouveränität. Radikale Demokratie diesseits und jenseits des Staates*, Stuttgart: Franz Steiner 2011, S. 175-196. Dort heißt es: »Jener
besondere Vertrag, der, um des ewigen Friedens willen, nationale Hoheitsrechte auf über- oder zwischenstaatliche Organe übertrüge, müsste aus einem
›Vertrag der Völker unter sich‹ und nicht lediglich aus einem Vertrag der faktischen Souveräne entspringen.« (S. 179)

49 Ich habe mich mit Kants Idee des Weltbürgerrechts zwischen 1995 und 2005
mehrfach beschäftigt; vgl. dazu: Jürgen Habermas, »Kants Idee des ewigen
Friedens – aus dem historischen Abstand von 200 Jahren«, in: *Die Einbeziehung des Anderen. Studien zur politischen Theorie*, Frankfurt am Main: Suhrkamp 1996, S. 192-236; »Hat die Konstitutionalisierung des Völkerrechts
noch eine Chance?«, in: *Der gespaltene Westen*, Frankfurt am Main: Suhrkamp
2004, S. 113-193; »Eine politische Verfassung für die pluralistische Weltgesellschaft?«, in: *Zwischen Naturalismus und Religion*, Frankfurt am Main: Suhrkamp 2005, S. 324-365.

zieht die aktuelle Krise alle Aufmerksamkeit auf sich.[50] Darüber dürften die Akteure jedoch den zugrundeliegenden und nur auf längere Sicht zu behebenden Konstruktionsfehler einer Währungsunion ohne die erforderlichen politischen Steuerungsfähigkeiten auf europäischer Ebene nicht vergessen. Der »Pakt für Europa« wiederholt einen alten Fehler: Rechtlich unverbindliche Verabredungen im Kreise der Regierungschefs sind entweder wirkungslos oder undemokratisch und müssen daher durch eine demokratisch unbedenkliche Institutionalisierung gemeinsamer Entscheidungen ersetzt werden.[51] Die deutsche Bundesregierung ist zum Beschleuniger einer europaweiten Entsolidarisierung geworden, weil sie zu lange die Augen vor dem einzigen konstruktiven Ausweg verschlossen hat, den sogar die *Frankfurter Allgemeine Zeitung* inzwischen mit der lakonischen Formel »Mehr Europa« umschreibt. Allen beteiligten Regierungen fehlt bislang der Mut, sie zappeln hilflos in der Zwickmühle zwischen den Imperativen von Großbanken und Ratingagenturen auf der einen, ihrer Furcht vor dem drohenden Legitimationsverlust bei den eigenen frustrierten Bevölkerungen auf der anderen Seite. Der kopflose Inkrementalismus verrät das Fehlen einer weiter ausgreifenden Perspektive.

Seit die Tage des *embedded capitalism* vorbei sind und die globalisierten Märkte der Politik davoneilen, fällt es allen OECD-Staaten zunehmend schwerer, das wirtschaftliche Wachstum zu stimulieren und gleichzeitig sowohl für eine halbwegs gerechte Einkommensverteilung wie für die soziale Sicherheit der breiten Bevölkerung zu sorgen. Nach der Freigabe der Wechselkurse hatten sie dieses Problem vorübergehend durch die Inkaufnahme von Inflation entschärft; als diese Politik zu hohe soziale Kosten verursachte, haben sie als anderen Ausweg die zunehmende Kreditfinanzierung der öffent-

---

50 Wie die Politiker mit dieser Krise umgehen, verrät eine erhebliche prognostische Unsicherheit der einschlägigen wirtschaftswissenschaftlichen Expertisen.
51 Vgl. dazu unten meinen Artikel »Ein Pakt für oder gegen Europa?« (S. 120-129 in diesem Band).

lichen Haushalte gewählt. Die statistisch gut belegten Trends der letzten beiden Jahrzehnte zeigen allerdings, dass in den meisten OECD-Ländern soziale Ungleichheit und Statusunsicherheit zugenommen haben, obwohl die Regierungen mit steil anwachsenden Staatsschulden ihren Legitimationsbedarf gedeckt haben. Die seit 2008 andauernde Finanzkrise hat nun auch noch den Mechanismus der Staatsverschuldung blockiert. Und einstweilen ist nicht abzusehen, wie die innenpolitisch ohnehin schwer durchsetzbaren *austerity policies* auf längere Sicht mit der Aufrechterhaltung eines erträglichen sozialstaatlichen Niveaus vereinbar gemacht werden können. Die Jugendrevolten in Spanien und Großbritannien sind ein Menetekel für die Gefährdung des sozialen Friedens.

Unter diesen Umständen ist das Ungleichgewicht zwischen den Imperativen der Märkte und der Regulationskraft der Politik als die eigentliche Herausforderung erkannt worden. In der Eurozone soll eine vage in Aussicht genommene »Wirtschaftsregierung« dem längst ausgehöhlten Stabilitätspakt neue Kraft verleihen. Jean-Claude Trichet fordert für die Eurozone ein gemeinsames Finanzministerium, ohne allerdings die dann ebenfalls fällige Parlamentarisierung der entsprechenden Finanzpolitik zu erwähnen – oder gar den Umstand zu berücksichtigen, dass die Palette der wettbewerbsrelevanten Politiken weit über die Steuerpolitik hinaus- und mitten ins Budgetrecht der nationalen Parlamente hineinreicht. Immerhin zeigt diese Diskussion, dass die List der ökonomischen (Un-)Vernunft die Frage der europäischen Zukunft zurück auf die politische Agenda gebracht hat. Wolfgang Schäuble, der letzte profilierte »Europäer« im Kabinett Merkel, weiß, dass eine Kompetenzverlagerung von der nationalen auf die europäische Ebene Fragen der demokratischen Legitimation berührt. Aber die Direktwahl eines Präsidenten der Europäischen Union, die er seit Langem ins Spiel bringt, wäre nicht mehr als ein Feigenblatt für die technokratische Selbstermächtigung eines kerneuropäischen Rates, der mit seinen informellen Beschlüssen an den Verträgen vorbeiregierte.

In diesen Vorstellungen eines »Exekutivföderalismus« der besonderen Art[52] spiegelt sich die Scheu der politischen Eliten, das bisher hinter verschlossenen Türen betriebene europäische Projekt auf den hemdsärmeligen Modus eines lärmend argumentierenden Meinungskampfes in der breiten Öffentlichkeit umzupolen. Angesichts des unerhörten Gewichts der Probleme wäre zu erwarten, dass die Politiker endlich – ohne Wenn und Aber – die europäischen Karten auf den Tisch legten und die Bevölkerung offensiv über das Verhältnis von kurzfristigen Kosten und wahrem Nutzen, also über die historische Bedeutung des europäischen Projektes aufklärten. Sie müssten ihre Angst vor demoskopischen Stimmungslagen überwinden und auf die Überzeugungskraft guter Argumente vertrauen. Vor diesem Schritt zucken alle beteiligten Regierungen, zucken einstweilen alle politischen Parteien zurück. Viele biedern sich stattdessen an einen Populismus an, den sie mit der Vernebelung eines komplexen und ungeliebten Themas selbst herangezüchtet haben. Die Politik scheint an der Schwelle von der ökonomischen zur politischen Einigung Europas den Atem anzuhalten und den Kopf einzuziehen. Warum diese Schreckstarre?

Aus einer dem 19. Jahrhundert verhafteten Perspektive drängt sich die bekannte »no demos«-Antwort auf: Es gebe kein europäisches Volk; daher sei eine Politische Union, die ihren Namen verdient, auf Sand gebaut.[53] Dieser Interpretation

---

52 Stefan Oeter verwendet diesen Ausdruck in seinem Aufsatz »Föderalismus und Demokratie« (in: Armin von Bogdandy/Jürgen Bast (Hg.), *Europäisches Verfassungsrecht. Theoretische und dogmatische Grundzüge*, Heidelberg: Springer 2010, S. 73-120) in einem anderen Sinne: »Im System der EU schütteln die mitgliedschaftlichen Bürokratien die Kontrolle der heimischen (nationalen) Parlamente weitgehend ab, indem sie Entscheidungsprobleme auf die Ebene der Union verschieben. Auf der europäischen Ebene unterliegen sie aber keiner auch nur annähernd vergleichbaren politischen Kontrolle wie in den nationalen Verfassungssystemen.« (S. 104)

53 Diese Stimmung hat seinerzeit in Deutschland, antizyklisch zum Vertrag von Maastricht, durch die Wiedervereinigung der geteilten Nation Auftrieb erhalten, vgl. beispielsweise Hermann Lübbe, *Abschied vom Superstaat. Vereinigte Staaten von Europa wird es nicht geben*, Berlin: Siedler 1994.

möchte ich eine bessere entgegensetzen: Die anhaltende politische Fragmentierung in der Welt und in Europa steht im Widerspruch zum systemischen Zusammenwachsen einer multikulturellen Weltgesellschaft und blockiert Fortschritte in der verfassungsrechtlichen Zivilisierung der staatlichen und gesellschaftlichen Gewaltverhältnisse.[54]

(2) Ich möchte zunächst mit einem kursorischen Rückblick auf das prekäre Verhältnis von Recht und Macht daran erinnern, worin die zivilisierende Kraft des demokratisch gesetzten Rechts besteht. Politische Herrschaft hat sich – seit den Anfängen der Staatsgewalt in den frühen Hochkulturen – in Formen des Rechts konstituiert. Die »Verkoppelung« von Recht und Politik ist so alt wie der Staat selbst. Dabei hat das Recht jahrtausendelang eine zwiespältige Rolle gespielt: Es diente einer autoritär ausgeübten Herrschaft als Organisationsmittel und war für die herrschenden Dynastien gleichzeitig eine unverzichtbare Quelle der Legitimation. Während die Rechtsordnung durch die Sanktionsmacht des Staates stabilisiert wurde, zehrte wiederum die politische Herrschaft, um als gerecht akzeptiert zu werden, von der legitimierenden Kraft eines von ihr verwalteten sakralen Rechts. Das Recht und die rechtsprechende Gewalt des Königs bezogen die Aura des Heiligen ursprünglich aus der Verbindung mit mythischen Gewalten, später aus der Berufung auf religiöses Naturrecht. Aber erst nachdem sich das Medium des Rechts im römischen Kaiserreich aus dem Ethos der Gesellschaft ausdifferenziert hatte, konnte es seinen Eigensinn zur Geltung bringen und schließlich, über die rechtliche Kanalisierung der Herrschaftsausübung, eine rationalisierende Wirkung entfalten.[55]

Freilich musste die Staatsgewalt säkularisiert und das Recht

---

54 Norbert Elias (*Über den Prozeß der Zivilisation*, 2 Bde., Bern/München: Francke-Verlag 1969) entwickelt den Begriff der Zivilisierung vor allem im Hinblick auf das Wachstum sozialpsychologischer Selbstkontrollfähigkeiten im Prozess der Modernisierung.

55 Diesen Prozess beschreibt die Systemtheorie als »Verkoppelung« der codespezifisch ausdifferenzierten Teilsysteme Recht und Politik; vgl. Niklas Luhmann, *Das Recht der Gesellschaft*, Frankfurt am Main: Suhrkamp 1994.

durchgängig positiviert werden, bevor die Legitimation der Herrschaft von einer rechtlich institutionalisierten Zustimmung der Herrschaftsunterworfenen abhängig werden konnte. Damit erst konnte jene demokratische Verrechtlichung *der Ausübung* politischer Herrschaft einsetzen, die in unserem Zusammenhang relevant ist. Diese entfaltet nämlich eine nicht nur *rationalisierende*, sondern eine *zivilisierende* Kraft in dem Maße, wie sie der staatlichen Gewalt den autoritären Charakter abstreift und dadurch den Aggregatzustand des Politischen selbst verändert. Als politischer Theologe hat Carl Schmitt diese Tendenz zur Zivilisierung argwöhnisch belauert, weil sie der Herrschaft mit der Aufweichung ihres autoritären Kerns auch die sakrale Aura geraubt hat.[56] Die »Substanz« des »Politischen« begreift er als die Selbstbehauptungsfähigkeit einer rechtlich konstituierten Herrschaftsgewalt, der jedoch keine normativen Fesseln angelegt werden dürfen.

Nach Schmitts Lesart konnte sich diese Substanz noch zu Beginn der Moderne im Kampf der souveränen Staaten gegen äußere und innere Feinde manifestieren. Sie zersetzte sich erst mit den Verfassungsrevolutionen des 18. Jahrhunderts, und zwar zunächst im Inneren des Staates. Der Verfassungsstaat macht die Gesellschaftsbürger zu demokratischen Staatsbürgern; er kennt keine »inneren Feinde« mehr, sondern – selbst bei der Bekämpfung von Terroristen – nur noch Straftäter.[57] Allein das Verhältnis des souveränen Staates zu seiner äußeren Umgebung blieb einstweilen von den normativen Fesseln der demokratischen Verrechtlichung »verschont«.[58] Man muss die Bewertung nicht teilen, um den deskriptiven Gehalt zu würdigen, der sich erschließt, wenn man das »Politische« aus dem Nebel einer auratisierten Gegenaufklärung heraus- und auf den

---

56 Heinrich Meier, *Die Lehre Carl Schmitts*, Stuttgart: J. B. Metzler 2004.
57 Carl Schmitt, *Der Begriff des Politischen*, Berlin: Duncker & Humblot 1969 (1932).
58 In diesem Zusammenhang steht die lebenslang anhaltende Polemik gegen die völkerrechtliche Pönalisierung des Angriffskrieges; vgl. Carl Schmitt, *Die Wendung zum diskriminierenden Kriegsbegriff*, Berlin: Duncker & Humblot 1988 (1938).

Kern einer demokratisch verrechtlichten Entscheidungs- und Gestaltungsmacht zurückführt.

In den internationalen Beziehungen hat erst nach dem Scheitern des Völkerbundes und seit dem Ende des Zweiten Weltkriegs – sowohl mit der Gründung der UNO wie mit dem Anfang des europäischen Einigungsprozesses – eine Verrechtlichung eingesetzt, die über die zaghaften Versuche einer völkerrechtlichen Einhegung der staatlichen Souveränität (wenigstens *in bello*) hinausgeht.[59] Der Zivilisierungsprozess, der sich in diesen seit dem Ende des Kalten Kriegs beschleunigten Tendenzen fortsetzt, kann unter zwei komplementären Gesichtspunkten beschrieben werden: Unmittelbar richtet sich die Domestikation zwischenstaatlicher Gewalt auf eine Pazifizierung der Staaten; aber mittelbar, nämlich über die Zügelung der anarchischen Machtkonkurrenz und die Förderung der Kooperation zwischen den Staaten, ermöglicht diese Befriedung zugleich den Aufbau neuer supranationaler Handlungsfähigkeiten. Denn nur mit solchen neuen transnationalen Steuerungskapazitäten können sich auch die transnational entfesselten *gesellschaftlichen* Naturgewalten, das heißt die durch nationale Grenzen ungerührt hindurchgreifenden systemischen Zwänge (heute vor allem des globalen Bankensektors), zähmen lassen.[60]

Natürlich hat sich die Evolution des Rechts bisher weder friedlich noch linear vollzogen. Soweit wir in dieser einen Dimension – wie seinerzeit Kant angesichts der Folgen der Französischen Revolution[61] – überhaupt von Errungenschaften spre-

---

59 Martti Koskenniemi, *The Gentle Civilizer of Nations. The Rise and Fall of International Law 1870-1960*, Cambridge: Cambridge UP 2001.

60 David Held / Anthony McGrew, *Governing Globalization. Power, Authority, and Global Governance*, Cambridge: Polity Press 2002.

61 Im *Streit der Fakultäten* spricht Kant mit dem Blick auf dieses Ereignis »von einer Begebenheit unserer Zeit, welche diese moralische Tendenz des Menschengeschlechts beweiset«. Allerdings ist es »bloß die Denkungsart der Zuschauer, welche bei diesem Spiel großer Umwandlungen« eine Disposition zum Fortschreiten in der Moral »öffentlich verrät« (*Werkausgabe in zwölf Bänden*, herausgegeben von Wilhelm Weischedel, Bd. XI, *Schriften zur Anthropologie, Geschichtsphilosophie, Politik und Pädagogik 1*, Frankfurt am Main: Suhrkamp 1968, S. 265-393, S. 357).

chen wollen, waren »Fortschritte in der Legalität« stets Nebenfolgen von Klassenkämpfen, imperialistischen Eroberungen und kolonialen Gräueln, von Weltkriegen und Menschheitsverbrechen, postkolonialen Zerstörungen und kulturellen Entwurzelungen. Aber in dieser Dimension des Verfassungswandels haben sich unter unseren Augen bemerkenswerte Innovationen angebahnt. Zwei dieser Innovationen erklären, wie eine Transnationalisierung der Volkssouveränität in der Gestalt eines demokratischen Bundes von Nationalstaaten möglich ist. Zum einen ordnen sich Nationalstaaten dem supranational gesetzten Recht unter; zum anderen teilt sich eine Gesamtheit von Unionsbürgern die verfassungsgebende Gewalt mit einer begrenzten Zahl von »verfassungsgebenden Staaten«, die von ihren Völkern ein Mandat zur Mitwirkung an der Gründung eines supranationalen Gemeinwesens erhalten.

Wenn man die Entwicklung der Europäischen Union unter diesen Gesichtspunkten betrachtet, ist der Weg zu einem politisch handlungsfähigen und demokratisch legitimierten (Kern-) Europa keineswegs blockiert. Ja, mit dem Lissabon-Vertrag ist die längste Strecke des Weges schon zurückgelegt (II). Die zivilisierende Rolle der europäischen Einigung kommt erst recht im Lichte eines weiter ausgreifenden Kosmopolitismus zur Geltung. Im letzten Teil werde ich an jene Tendenzen des Völkerrechts anknüpfen, die mit dem völkerrechtlichen Gewaltverbot sowie der Gründung der UNO und deren Menschenrechtspolitik eingesetzt haben. Ich will versuchen, die verschiedenen Puzzlesteine zu einem konstruktiv entworfenen Bild einer globalen Verfassungsordnung zusammenzusetzen (III).

II. Die Europäische Union vor der Entscheidung zwischen transnationaler Demokratie und postdemokratischem Exekutivföderalismus

Das dichte Netz supranationaler Organisationen weckt seit Langem die Befürchtung, dass der im Nationalstaat gesicherte Zusammenhang von Grundrechten und Demokratie zerstört und die demokratischen Souveräne durch weltweit verselbstständigte Exekutivgewalten enteignet werden könnten.[62] In dieser Beunruhigung vermischen sich zwei verschiedene Fragen. Zu der berechtigten empirischen Frage einer ökonomischen Dynamik der Weltgesellschaft, die ein längst bestehendes Demokratiedefizit seit Jahrzehnten verstärkt, kann ich in der hier gebotenen Kürze nicht Stellung nehmen.[63] Am Beispiel der Europäischen Union möchte ich mich aber mit der anderen These auseinandersetzen, auf die sich der politische Defätismus der Europaskeptiker vor allem stützt, nämlich mit der Behauptung, eine Transnationalisierung der Volkssouveränität sei ohne Ermäßigung des Legitimationsniveaus nicht möglich.

Zu diesem Zweck muss ich eine Denkblockade beiseiteräumen, die mit der Suggestion einer begrifflichen Abhängigkeit der Volkssouveränität von der Staatensouveränität den Blick nach vorne versperrt (1.). Die Transnationalisierung der Volkssouveränität möchte ich sodann mithilfe von drei variablen Bestandteilen begreifen, die nur auf der nationalen Ebene ganz zur

---

62 Vgl. die Kritik von Ingeborg Maus, »Menschenrechte als Ermächtigungsnormen internationaler Politik oder: der zerstörte Zusammenhang von Menschenrechten und Demokratie«, in: Hauke Brunkhorst, Wolfgang R. Köhler und Matthias Lutz-Bachmann (Hg.), *Recht auf Menschenrechte. Menschenrechte, Demokratie und internationale Politik*, Frankfurt am Main 1999, S. 276-292; dies., »Verfassung oder Vertrag. Zur Verrechtlichung globaler Politik«, in: Peter Niesen/Benjamin Herborth (Hg.), *Anarchie der kommunikativen Freiheit. Jürgen Habermas und die Theorie der internationalen Politik*, Frankfurt am Main: Suhrkamp 2007, S. 350-382.

63 Michael Zürn/Matthias Ecker-Ehrhardt (Hg.), *Die Politisierung der Weltpolitik* (im Erscheinen); vgl. auch David Held/Anthony McGrew (Hg.), *The Global Transformations Reader. An Introduction to the Globalization Debate*, Cambridge: Polity Press 2000.

Deckung kommen. Die drei Komponenten sind zum einen die demokratische Vergemeinschaftung freier und gleicher Rechtspersonen, zum anderen die Organisation kollektiver Handlungsfähigkeiten und schließlich das Integrationsmedium einer Bürgersolidarität unter Fremden. Auf der europäischen Ebene treten diese Bestandteile in eine neue Konfiguration. Hier bestehen die beiden bemerkenswerten Innovationen darin, dass sich die Mitgliedstaaten, die ihr Gewaltmonopol behalten, dem supranationalen Recht, wenn auch mit einem interessanten Vorbehalt unterordnen (2.) und in einem bestimmten Sinne ihre »Souveränität« mit der Gesamtheit der Unionsbürger teilen (3.). Diese Rekonfiguration der Bestandteile eines demokratischen Gemeinwesens in der Gestalt einer entstaatlichten Föderation bedeutet keine Legitimationseinbuße, weil die Bürger Europas gute Gründe dafür haben, dass der jeweils eigene Nationalstaat in der Rolle eines Mitgliedstaates *weiterhin die konstitutionelle Rolle* eines Garanten von Recht und Freiheit spielt. Allerdings müsste die »Teilung der Souveränität« zwischen den Bürgern der Europäischen Union und den Völkern Europas dann auch in eine konsequent durchgeführte Mitgesetzgebung und in die symmetrische Verantwortlichkeit der Kommission gegenüber Rat und Parlament umgesetzt werden (4.). Am Schluss komme ich auf das Thema der Grenzen staatsbürgerlicher Solidarität, die in der aktuellen Krise deutlich hervortreten, zurück (5.).

1. Gegen eine Reifizierung der Volkssouveränität

Wir müssen wissen, was wir unter Demokratie verstehen wollen, bevor wir uns über eine mögliche Entkoppelung des demokratischen Verfahrens vom Nationalstaat Klarheit verschaffen können. Demokratische Selbstbestimmung bedeutet, dass die Adressaten zwingender Gesetze zugleich deren Autoren sind. In einer Demokratie sind Bürger einzig den Gesetzen unterworfen, die sie sich nach einem demokratischen Verfahren gegeben haben.[64] Dieses Verfahren verdankt seine legitimierende Kraft einerseits der (wie auch immer vermittelten) Inklusion aller Bürger in die politischen Entscheidungsprozesse und andererseits der Verkoppelung von (erforderlichenfalls qualifizierten) Mehrheitsentscheidungen mit einer deliberativen Meinungsbildung. Eine solche Demokratie verwandelt den staatsbürgerlichen Gebrauch kommunikativer Freiheiten in ebenso viele Produktivkräfte für die legitime, das heißt zugleich interessenverallgemeinernde und effektive *Selbsteinwirkung einer politisch organisierten Bürgergesellschaft.* Die kooperative Einwirkung der Bürger auf ihre gesellschaftlichen Existenzbedingungen verlangt einen entsprechenden Handlungsspielraum des Staates für die politische Gestaltung der Lebensverhältnisse.

Insoweit besteht zwischen der Volkssouveränität und der Staatensouveränität ein begrifflicher Zusammenhang. Angesichts eines politisch ungesteuerten Komplexitätswachstums der Weltgesellschaft, das den Handlungsspielraum der Nationalstaaten systemisch immer weiter einschränkt, ergibt sich die Forderung, die politischen Handlungsfähigkeiten über nationale Grenzen hinaus zu erweitern, aus dem normativen Sinn der Demokratie selbst. Zwar haben die Staaten den inzwischen eingetretenen Verlust an Problemlösungsfähigkeiten teilweise mithilfe internationaler Organisationen auszugleichen versucht;[65] aber ganz abgesehen von der problematischen Machtasymmetrie in der Zusammensetzung der meisten internationalen Vertragsregimes, bezahlen die beteiligten Staaten, sofern sie demokratisch verfasst sind, ein auf Intergouvernementalität begründetes Regieren mit sinkenden Legitimationsniveaus. Auch

64 Vgl. zum demokratischen Verfahren und allgemein zum deliberativen Verständnis demokratischer Politik meine Aufsätze »Drei normative Modelle der Demokratie« (1996) und »Hat die Demokratie noch eine epistemische Dimension? Empirische Forschung und normative Theorie« (2008), in: Jürgen Habermas, *Philosophische Texte,* Bd. 4, *Politische Theorie,* a. a. O., S. 70-86 und S. 87-139.

65 Vgl. dazu Michael Zürn, »Die Rückkehr der Demokratiefrage. Perspektiven demokratischen Regierens und die Rolle der Politikwissenschaft«, in: *Blätter für deutsche und internationale Politik* 6/2011, S. 63-74.

der Umstand, dass die Regierungen, die ihre Vertreter in internationale Organisationen entsenden, demokratisch gewählt sind, kann diesen Schaden nicht kompensieren.[66] Daher höhlt der Machtzuwachs internationaler Organisationen in dem Maße, wie sich nationalstaatliche Funktionen auf die Ebene transnationalen Regierens verlagern, die demokratischen Verfahren der Nationalstaaten tatsächlich aus.

Wenn man sich nicht damit abfinden will, die wachsende Abhängigkeit der Nationalstaaten von den systemischen Zwängen einer zunehmend interdependenten Weltgesellschaft jedoch als unumkehrbar anerkennen muss, drängt sich die politische Notwendigkeit auf, demokratische Verfahren über die Grenzen des Nationalstaates hinaus zu erweitern. Diese Notwendigkeit ergibt sich aus der Logik der Selbsteinwirkung einer demokratischen Bürgergesellschaft auf ihre Existenzvoraussetzungen: »Wenn ein System desto demokratischer ist, je stärker es seinen Bürgern die Möglichkeit gibt, sich in Angelegenheiten, die ihnen wichtig sind, selbst zu regieren, dann wäre in vielen Fällen ein großes System demokratischer als ein kleines, da seine Kapazität, bestimmte Aufgaben zu meistern – man denke an Landesverteidigung oder Umweltverschmutzung – größer wäre«.[67] Damit ist freilich der Zweifel, ob die Transnationalisierung der Volkssouveränität überhaupt möglich ist, noch nicht ausgeräumt.[68] Natürlich können Imperative, die sich unter veränderten Umständen aus der Logik der Demokratie selbst ergeben, an der Realität scheitern. Die hartnäckigste Skepsis gegenüber einer *demokratischen* Verrechtlichung politischer Herrschaft, die über nationale Grenzen hinausreicht, zehrt allerdings von einem kollektivistischen Missverständnis, das Volks-

66 Vgl. zu den Gründen Christoph Möllers, *Die drei Gewalten. Legitimation der Gewaltengliederung in Verfassungsstaat, Europäischer Integration und Internationalisierung*, Weilerswist: Velbrück Wissenschaft 2008, S. 158 ff.

67 Robert A. Dahl, »Federalism and the democratic process«, in: J. Roland Pennock/John W. Chapman (Hg.), *Nomos XXV: Liberal Democracy*, New York: New York UP 1983, S. 95-108, S. 105.

68 Thomas Groß, »Postnationale Demokratie – gibt es ein Menschenrecht auf transnationale Selbstbestimmung?«, in: *Rechtswissenschaft* 2/2011, S. 125-153.

und Staatensouveränität miteinander vermengt. Dieses Missverständnis, das in kommunitaristischer und liberaler, in kon-
servativer und nationalistischer Lesart auftritt, verdankt sich
der Überverallgemeinerung einer zufälligen historischen Konstellation und führt dazu, den künstlichen und daher fließen-
den Charakter eines im Europa des 19. Jahrhunderts konstru-
ierten Bewusstseins nationaler Identität zu verkennen.[69]

Bürger, die sich an einer demokratischen Wahl beteiligen
und einige dazu autorisieren, für alle zu handeln, nehmen gewiss an einer *gemeinsamen* Praxis teil. Aber das macht demokratisch herbeigeführte Entscheidungen nur in einem *distri-
butiv allgemeinen* Sinne zu Entscheidungen eines Kollektivs.
Diese gehen nämlich aus einer Vielfalt individueller Stellungnahmen hervor, die nach demokratischen Regeln erzeugt und
verarbeitet werden. Erst eine kollektivistische Deutung macht
aus Ergebnissen pluralistischer Meinungs- und Willensbildungs-
prozesse Äußerungen eines souveränen, sich selbst zum Handeln autorisierenden Volkswillens. Und erst aufgrund dieser
verdinglichenden Singularisierung kann die Volkssouveränität
als die Kehrseite der Staatensouveränität vorgestellt werden.
Dann erscheint sie als das Spiegelbild der Souveränität eines
Staates, der im Sinne des klassischen Völkerrechts mit dem
ius ad bellum ausgestattet ist und deshalb uneingeschränkte,
das heißt nur durch die Entscheidungen konkurrierender Völ-
kerrechtssubjekte eingeschränkte Handlungsfreiheit genießt.[70]
Aus einer solchen Perspektive findet der Gedanke der Volkssouveränität in der äußeren Souveränität des Staates seine Er-
füllung: In dessen Aktionen können sich die Bürger als die ge-

69 Hagen Schulze, *Staat und Nation in der Europäischen Geschichte*, München:
   C. H. Beck 1994, S. 189.
70 Wenn man die empirischen Voraussetzungen für die tatsächliche Handlungs-
   autonomie eines in seinen Grenzen international anerkannten, also keineswegs im freien Raum operierenden Staates berücksichtigt, erkennt man den
   semantischen Überschuss, der sich mit dem (aus dem Absolutismus stammen-
   den) Konzept der Souveränität immer schon verbunden hat und ironischer-
   weise – trotz weltweiter Interdependenzen – immer noch verbindet; vgl.
   dazu für unseren Kontext Neil Walker (Hg.), *Sovereignty in Transition*, Oxford: Hart Publishing 2003.

meinsam handelnden Mitglieder eines politischen Kollektivs gewissermaßen anschauen.[71]

Zwar haben republikanische Freiheit, allgemeine Wehrpflicht und Nationalismus den gleichen historischen Ursprung in der Französischen Revolution. Aber die Suggestionskraft der Denkfigur, die einen *starken* Zusammenhang zwischen demokratischer Selbstbestimmung im Innern und staatlicher Souveränität nach außen stiftet, darf nicht über diesen historischen Kontext hinaus verallgemeinert werden. Die im klassischen Völkerrecht garantierte *Handlungsfreiheit* des souveränen Staates ist nämlich anderer Art als jene *Autonomie unter »Gesetzen der Freiheit«* (Kant), von der die Bürger im Verfassungsstaat Gebrauch machen können. Während die äußere Souveränität des Staates nach dem Modell der Willkürfreiheit gedacht wird, äußert sich die Souveränität des Volkes in einer demokratisch verallgemeinernden Gesetzgebung, die allen Bürgern gleiche Freiheiten garantiert. »Willkürfreiheit« ist begrifflich wesentlich verschieden von »gesetzlicher Freiheit«. Aus diesem Grund *muss* die Einschränkung der nationalen Souveränität zugunsten einer Übertragung von Hoheitsrechten auf supranationale Instanzen keineswegs um den Preis einer Entmündigung demokratischer Bürger erkauft werden. Dieser Transfer setzt, *wenn er nur die demokratischen Verfahren intakt lässt*, genau jene Art von Konstitutionalisierung der Staatsgewalt fort, der die Bürger schon innerhalb des Nationalstaates ihre Freiheiten verdanken.

Dann dürfen freilich die vom Nationalstaat an supranationale Instanzen abgegebenen oder mit ihnen geteilten Kompetenzen nicht nur in internationalen Vertragsregimes überhaupt verrechtlicht, sie müssen auf *demokratische* Weise verrechtlicht werden. Im Falle einer Übertragung von Hoheitsrechten

71 Carl Schmitt (*Verfassungslehre*, Berlin: Duncker & Humblot 1983 [1928], § 17) hat diesen Zusammenhang in der zugespitzten Lesart einer plebiszitären Führerdemokratie umgekehrt: Auf existentielle Weise bejahen die Staatsbürger im Vollzug ihrer kollektiven Selbstbehauptung, vor allem im Krieg, eine politische Verfassung, die ihnen zwar keine demokratische Mitwirkung, aber doch plebiszitäre Stellungnahme gewährleistet.

schrumpft der Spielraum der staatsbürgerlichen Autonomie nur dann nicht, wenn die Bürger des einen betroffenen Staates in Kooperation mit den Bürgern der übrigen beteiligten Staaten an der supranationalen Rechtsetzung *nach einem demokratischen Verfahren* beteiligt werden.[72] Mit einem territorialen Größenwachstum allein, also mit einer bloß numerischen Erweiterung der Grundgesamtheit der Beteiligten, ändert sich die Komplexität, aber nicht notwendigerweise die Qualität des Meinungs- und Willensbildungsprozesses. Deshalb kann von einer Einschränkung der Volkssouveränität keine Rede sein, solange quantitative Veränderungen in der sozialen und der räumlichen Dimension das Verfahren selbst intakt lassen, das heißt Deliberation und Inklusion nicht beeinträchtigen.[73]

Daher wird sich das inzwischen entstandene internationale Netzwerk nur dann demokratisieren lassen, wenn es sich als möglich erweist, die aus nationalstaatlichen Demokratien bekannten Bestandteile ohne Legitimationseinbuße auf andere Weise als im Nationalstaat zusammenzusetzen. In dieser Hinsicht ist der Test lehrreich, dem sich die Europäische Union der-

72 Mit dieser »starken« Bedingung schließe ich alle Kompromissvorschläge aus, welche die Legitimationsanforderungen an supranationale Entscheidungsprozesse ermäßigen. Demokratische Legitimation lässt sich nicht durch eines ihrer Momente (wie Verantwortung, deliberative Rechtfertigung, Transparenz oder Rechtsstaatlichkeit) ersetzen; vgl. zu dieser Diskussion die Beiträge von Jürgen Neyer, Erik Oddvar Eriksen sowie Frank Nullmeier und Tanja Pritzlaff in: Rainer Forst/Rainer Schmalz-Bruns (Hg.), *Political Legitimacy and Democracy in Transnational Perspective*, Arena Report Nr. 2/11, Oslo 2011.

73 Selbst ein Skeptiker wie William E. Scheuerman misst in dieser Hinsicht den vermeintlichen Vorzügen der Kleinräumigkeit kein prinzipielles Gewicht zu; vgl. dazu seinen Aufsatz »Der Republikanismus der Aufklärung im Zeitalter der Globalisierung«, in: Oliver Eberl (Hg.), *Transnationalisierung der Volkssouveränität*, a. a. O., S. 251-270. Dort heißt es: »Kleinräumigkeit ist keine historische Gegebenheit, die das angemessene Ausmaß des Staatsgebietes in unmittelbar erkennbarer Weise determiniert, sondern es handelt sich hierbei um einen historisch veränderlichen Zustand, welcher der aktuellen ›Raum-Zeit-Verdichtung‹ unterliegt.« (S. 265) Andererseits dürfen wir die Gefahr der systematischen Verzerrung, der die Kommunikationskreisläufe in großräumigen und heterogen zusammengesetzten politischen Öffentlichkeiten – insbesondere unter der Bedingung (fast) vollständig privatisierter Medien wie in den USA – ausgesetzt sind, auch nicht bagatellisieren.

zeit unterziehen muss. Getestet werden nämlich der Wille und die Fähigkeit der Bürger, der politischen Eliten und der Massenmedien, wenigstens in der Eurozone den nächsten Integrationsschritt zu vollziehen – und damit die Zivilisierung der Ausübung politischer Herrschaft einen Schritt voranzubringen.

2. Die erste Innovation: Der Vorrang supranationalen Rechts vor dem nationalen Recht der Gewaltmonopolisten

Die Europäische Union wird sich langfristig nur stabilisieren können, wenn sie die unter dem Zwang ökonomischer Imperative fälligen Schritte zu einer Koordinierung der relevanten Politiken nicht im bisher üblichen gubernativ-bürokratischen Stil, sondern auf dem Weg einer hinreichenden demokratischen Verrechtlichung vollzieht. Allerdings verheddern wir uns bei den nächsten verfassungspolitischen Schritten, solange wir uns im begrifflichen Spektrum zwischen Staatenbund und Bundesstaat bewegen oder uns damit begnügen, diese Alternative *auf unbestimmte Weise* zu negieren. Bevor wir erkennen können, was den europäischen Entscheidungen einstweilen noch an Legitimation fehlt, müssen wir die demokratische Qualität der Gestalt würdigen, die die Europäische Union mit dem Vertrag von Lissabon bereits angenommen hat.[74]

Zu diesem Zweck unterscheide ich drei Bausteine,[75] die in jedem demokratischen Gemeinwesen auf die eine oder andere Weise ihre Verkörperung finden müssen:

– die Vergemeinschaftung von Rechtspersonen, die sich auf begrenztem Raum zu einer Assoziation freier und gleicher Bür-

74 Ingolf Pernice, »Verfassungsverbund«, in: Franzius/Mayer/Neyer (Hg.), *Strukturfragen der Europäischen Union*, a. a. O., S. 102-109.
75 Hauke Brunkhorst, »A polity without a state? European constitutionalism between evolution and revolution«, in: Erik Oddvar Eriksen, John Erik Fossum und Augustín José Menéndez (Hg.), *Developing a Constitution for Europe*, London: Routledge 2004; ders., »State and constitution: A reply to Scheuerman«, in: *Constellations* 15/2008, S. 493-501.

ger zusammenschließen, indem sie sich gegenseitig Rechte einräumen, die jedem die gleiche private und staatsbürgerliche Autonomie gewährleisten;

– die Kompetenzverteilung im Rahmen einer Organisation, die mit administrativen Mitteln die kollektive Handlungsfähigkeit der assoziierten Bürger sichert; und

– das Integrationsmedium einer staats- oder überstaatsbürgerlichen Solidarität, die für eine gemeinsame politische Willensbildung und damit für die kommunikative Erzeugung demokratischer Macht und die Legitimation der Herrschaftsausübung notwendig ist.[76]

Rechtssystematisch betrachtet, werden die ersten beiden Komponenten üblicherweise im Grundrechts- und im Organisationsteil einer Verfassung behandelt, während sich die dritte Komponente auf das »Staatsvolk« als das Funktionserfordernis für die demokratische Willensbildung bezieht, das heißt in erster Linie auf die politisch-kulturellen Bedingungen für den Kommunikationszusammenhang einer politischen Öffentlichkeit. Da die Verfassung Recht und Politik über das Rechtsmedium miteinander verkoppelt, ist die folgende Unterscheidung für die Differenzierung zwischen rechts- und politikwissenschaftlichen Perspektiven wichtig. Nur die Vergemeinschaftungskomponente hat *unmittelbar* einen rechtlichen Charakter, weil sich die Bürgergesellschaft im Medium des Rechts *erst konstituiert*; ein politisches Gemeinwesen, das Bedingungen demokratischer Legitimation genügt, kann es nur in Gestalt einer horizontal vergemeinschafteten Assoziation

---

76 Die drei Komponenten sind Bausteine eines politischen Handlungssystems. Sie beziehen sich auf
– die Konstituierung einer Gemeinschaft von Rechtspersonen,
– die Ermächtigung zum kollektiven Handeln und
– einen geteilten lebensweltlichen Horizont, in dem sich ein kollektiver Wille kommunikativ bilden kann.
Diese Konzeptualisierung soll jedoch kein Präjudiz für eine ausschließlich *handlungstheoretisch* angelegte politikwissenschaftliche Analyse bedeuten. Die politische Öffentlichkeit kommuniziert in der gesellschaftsweit zirkulierenden Sprache des Rechts über die staatliche Organisation mit allen übrigen *Funktionssystemen* der Gesellschaft.

von Rechtsgenossen geben. Die zweite, die Organisationskomponente regelt die Verfügung über politische Macht – hier werden die Flüsse administrativer Macht (wobei das administrative System mit anderen gesellschaftlichen Funktionssystemen im Austausch steht) rechtlich kanalisiert; die dritte Komponente, die sich auf einen für die Meinungs- und Willensbildung funktional notwendigen politisch-kulturellen Hintergrund bezieht, kann vom Recht nur vorausgesetzt und durch politische Maßnahmen bestenfalls gefördert werden.

Diese drei Komponenten fügen sich nur auf der nationalen Ebene, sei es in Gestalt eines Einheits- oder eines Bundesstaates, *kongruent* zusammen. In einem solchen Verfassungsstaat wird die staatliche Gewalt über das demokratische Verfahren und in der Grammatik allgemeiner Gesetze so programmiert, dass die Bürger ihre Herrschaft über Organe der Gesetzgebung, Exekutive und Rechtsprechung ausüben können. Die Bürger eines demokratischen Gemeinwesens unterwerfen sich dem Recht nicht bloß faktisch, weil der Staat Sanktionen androht; sie können das Recht grundsätzlich auch als »richtig« akzeptieren, weil es demokratisch gesetzt worden ist. Diese Weise der demokratischen Verrechtlichung politischer Herrschaft bedeutet eine *Zivilisierung der Gewalt* insofern, als sich die vom Volk gewählte Exekutive, obwohl sie über die kasernierten Gewaltmittel verfügt, an Verfassung und Gesetz halten muss. Dieses »muss« drückt keinen faktisch auferlegten Verhaltenszwang, sondern ein politisch-kulturell eingewöhntes normatives Sollen aus. Jeder aus Fassadendemokratien bekannte Militärputsch, jeder auf ökonomisch mächtige oder sozial einflussreiche Eliten gestützte Coup zeigt, dass das nicht selbstverständlich ist.

Schon auf nationaler Ebene besteht mithin das zivilisierende Element in der Unterordnung arbiträrer Gewalt unter das legitim von (und im Namen von) Herrschaftsunterworfenen selbst gesetzte Recht. Natürlich gehört es zum Geltungssinn des positiven Rechts, dass abweichendes Verhalten staatlich sanktioniert wird. Aber wer sanktioniert den Gewaltmonopolisten, wenn er anders will? Schon im Nationalstaat sind die Gewaltmonopolisten, die den Gesetzen Nachachtung verschaffen, dem demokratischen Recht untergeordnet. Aber während hier die Institutionen, die Recht setzen und durchsetzen, Organe *desselben* Staates sind, vollziehen sich in der Europäischen Union Rechtsetzung und Rechtsdurchsetzung auf verschiedenen Ebenen. Das scheint sich auf den ersten Blick in Bundesstaaten ähnlich zu verhalten. Auch im Mehrebenensystem der deutschen Bundesrepublik bricht Bundesrecht Landesrecht, während die Landesregierungen immerhin die Verfügung über die Polizei (wenn auch nicht über die Bundeswehr) behalten. Gleichwohl besteht zwischen dem nationalen und dem europäischen Mehrebenensystem eine entscheidende Differenz.

Während im föderal gegliederten Nationalstaat die verfassungsändernde Kompetenz in der Regel dem Bund vorbehalten bleibt, hat sich im europäischen Mehrebenensystem ein Vorrang des Unionsrechts vor dem Recht der Mitgliedstaaten eingespielt, obwohl die Unionsorgane nicht über eine solche Kompetenz verfügen.[77] Auch wenn sich die Mitgliedstaaten nicht mehr ohne Weiteres als »Herren der Verträge« betrachten können, müssen sie einstimmig einer ordentlichen Vertragsänderung zustimmen. Das supranationale Gemeinwesen konstituiert sich mithin als Rechtsgemeinschaft und wahrt die Verbindlichkeit des Unionsrechts auch ohne Deckung durch Gewaltmonopol und Letztentscheidungsbefugnis. Mit diesem Arrangement verschieben sich die Gewichte im Verhältnis zwischen staatlicher Sanktionsgewalt und Recht. Die Europäische Union bindet in Ausübung ihrer Gesetzgebungs- und Rechtsprechungskompetenzen die Mitgliedstaaten als ausführende Organe, ohne über deren Sanktionspotenziale zu verfügen. Und die staatlichen Gewaltmonopolisten lassen sich für den Vollzug europäischen Rechts, das national »umgesetzt« wer-

---

77 Christian Calliess, *Die neue Europäische Union nach dem Vertrag von Lissabon. Ein Überblick über die Reformen unter Berücksichtigung ihrer Implikationen für das deutsche Recht*, Tübingen: Mohr Siebeck 2010, S. 84 f. und S. 352 ff.

den muss, in Dienst nehmen. Mit dieser ersten der beiden Innovationen, die ich als bedeutende Schritte zur rechtlichen Zivilisierung des staatlichen Gewaltkerns betrachte, löst sich die Verfassung des supranationalen Gemeinwesens von den staatlichen Organisationsgewalten seiner Mitglieder.

Aber wie ist der Vorrang des europäischen Rechts zu verstehen? Bahnbrechend waren die Entscheidungen des Europäischen Gerichtshofes seit dem van-Gend-und-Loos-Urteil aus dem Jahr 1963. Seitdem hat das Gericht immer wieder betont, die konkrete Folgebereitschaft der Mitgliedstaaten sei unerlässlich für die rechtliche Gleichbehandlung der Unionsbürger.[78] Diese Entscheidungen ziehen nur die Konsequenz aus dem Umstand, dass die Europäischen Verträge zwischen den Unionsorganen und den Bürgern der Union eine unmittelbare Rechtsbeziehung gestiftet und damit eine autonome, vom Recht der Mitgliedstaaten unabhängige Rechtsebene geschaffen haben. Andererseits kann das Fehlen einer Kompetenz der Verfassungsänderung (in der Diktion des 19. Jahrhunderts der »Kompetenz-Kompetenz«) nicht folgenlos bleiben für die Art, wie die Stellung der nationalen gegenüber der neuen europäischen Rechtsebene konzeptualisiert wird. Wenn die Union nicht über eine Letztentscheidungsbefugnis verfügt, lässt sich die faktisch wirksame Unterordnung des nationalen Rechts unter das Unionsrecht nicht mit der üblichen Hierarchisierung von Bundes- und Länderrecht oder von Verfassungsrecht und Sekundärrecht erklären. Der Vorrang des Europarechts folgt einer anderen Logik. Claudio Franzius spricht von einem funktional begründeten »Anwendungsvorrang«[79] und Armin von Bogdandy von der »Wirksamkeit« des europäischen Rechts, welches »die Mitgliedstaaten verpflichtet, den Regelungszweck einer gemeinschaftsrechtlichen Norm zu realisieren«.[80]

---

78 Claudio Franzius, *Europäisches Verfassungsrechtsdenken*, Tübingen: Mohr Siebeck 2010, S. 38 ff.

79 Ebd., S. 42.

80 Armin von Bogdandy, »Grundprinzipien«, in: von Bogdandy/Bast (Hg.), *Europäisches Verfassungsrecht*, a. a. O., S. 13-71, S. 38.

Aber wie soll sich aus der Autonomie des Gemeinschaftsrechts ein »Anwendungsvorrang« begründen lassen, wenn diese Rechtsebene keinen »Geltungsvorrang« gegenüber den nationalen Rechtsordnungen beanspruchen kann? Selbst das Karlsruher Bundesverfassungsgericht pocht in seinen Entscheidungen zum Maastricht- und zum Lissabon-Vertrag nur auf einen *Vorbehalt* der nationalen Verfassungen gegenüber der europäischen Rechtsetzung. Bei aller berechtigten Kritik an diesen beiden keineswegs europafreundlichen Urteilen dürfen sich die nationalen Gerichte in der Auslegung der Europäischen Verträge als legitime Hüter der demokratisch-rechtsstaatlichen Substanz der Verfassungen der jeweiligen Mitgliedsländer begreifen. Sie sind nicht dazu autorisiert (wie das BVerfG fälschlicherweise meint),[81] die Grenzen der Übertragung nationaler Hoheitsrechte auf die europäische Ebene zu kontrollieren, wohl aber (wie sich auch aus Art. 4 Abs. 2 EUV ergibt) die Unversehrtheit derjenigen nationalen Verfassungsprinzipien, die für den demokratischen und rechtsstaatlichen Aufbau des jeweiligen Mitgliedstaates konstitutiv sind. In den Konflikten zwischen den Gerichtshöfen beider Ebenen[82] spiegelt sich eine komplementäre Abhängigkeit und Verflechtung von nationalen Verfassungen und Gemeinschaftsrecht, die Ingolf Pernice zur Beschreibung der Union als eines »Verfassungsverbundes« inspiriert hat.[83] Für die Erklärung des Umstandes, dass sich die nach wie vor gewaltmonopolisierenden Mitgliedstaaten dem Recht einer Gemeinschaft unterordnen, die ihnen gegenüber keine Kompetenz zur Verfassungsänderung bean-

---

81 Christoph Schönberger, »Lisbon in Karlsruhe: Maastricht's epigones at sea«, in: *German Law Journal* 10/2009, S. 1201-1218; Daniel Halberstam/Christoph Möllers, »The German constitutional court says ›*Ja zu Deutschland!*‹«, in: *German Law Journal* 10/2009, S. 1241-1258.
82 Konflikte, die das spanische Verfassungsgericht semantisch mithilfe der Begriffe *primacía* und *supremacía* auflösen möchte; vgl. Claudio Franzius, *Europäisches Verfassungsrechtsdenken*, a. a. O., S. 47.
83 Ingolf Pernice, »Europäisches und nationales Verfassungsrecht«, in: *Veröffentlichungen der Vereinigung der Deutschen Staatsrechtslehrer* 60/2001, S. 149-193.

spruchen kann, müssen wir auf die zweite der erwähnten verfassungsrechtlichen Innovationen vorausgreifen. Aus der Sicht eines *rational rekonstruierten* verfassungsgebenden Prozesses kann man die Unterordnung unter europäisches Recht als eine Konsequenz aus der Tatsache begreifen, dass zwei verschiedene verfassungsgebende Subjekte im Hinblick auf das gemeinsame Ziel der Schaffung eines supranationalen Gemeinwesens miteinander kooperiert haben.

Im Hinblick auf eine Konstitutionalisierung des Völkerrechts halte ich zunächst fest, dass sich mit der Europäischen Union ein verfasstes Gemeinwesen herauskristallisiert hat, das ohne Deckung durch eine kongruente Staatsgewalt gegenüber den Mitgliedstaaten die Autorität verbindlicher Rechtsetzung genießt. Zu Beginn der europäischen Einigung hat sich die zivilisierende Kraft dieser Innovation vor allem in der Pazifizierung eines bluttriefenden Kontinents geäußert; inzwischen manifestiert sie sich im Ringen um die Konstruktion von höherstufigen politischen Handlungsfähigkeiten. Auf diese Weise versuchen die Völker eines Kontinents von schrumpfendem politischem und wirtschaftlichem Gewicht, gegenüber den politischen Mächten und systemischen Zwängen einer globalisierten Gesellschaft einen gewissen politischen Handlungsspielraum zurückzugewinnen. Wenn das gelingt, können sie diesen nicht nur defensiv zur Erhaltung ihres kulturellen Biotops nutzen, sondern auch offensiv für einen weiteren und noch mühsameren Aufbau globaler Steuerungskapazitäten. Darauf komme ich zurück.

3. Die zweite Innovation: die Teilung der konstituierenden Gewalt zwischen Unionsbürgern und europäischen Völkern

Indem sich die Verfassungsgemeinschaft der europäischen Bürger von den Organisationskernen der Mitgliedstaaten löst,[84] treten alle Komponenten in eine neue Konstellation. Während die Mitgliedstaaten das Gewaltmonopol behalten und Hoheitsrechte auf dem Wege der begrenzten Einzelermächtigung auf die Union übertragen, kann diese sich nur auf eine vergleichsweise schwache Organisationskomponente stützen. Die Europäische Kommission verfügt über einen (entgegen der Volksmeinung vom »Monster Brüssel«)[85] begrenzten Regierungsapparat, der die »Umsetzung« des Unionsrechts den Parlamenten und Verwaltungen der Mitgliedstaaten überlässt.[86] Und weil die Union selbst keinen staatlichen Charakter ausbildet, genießen auch die Unionsbürger nicht im strengen Sinne den Status von *Staats*bürgern. Jedoch besteht die Erwartung, dass sich aus dem wachsenden gegenseitigen Vertrauen der europäischen Völker zwischen den Unionsbürgern eine transnational ausgedehnte, wenn auch abgeschwächte Form der Bürgersolidarität entwickelt.

Mit der Zumutung, dass dieselben Personen lernen, zwischen der Rolle des Angehörigen eines »europäischen Volkes« und der eines »Unionsbürgers« zu differenzieren, berühren wir die zentrale Frage nach dem richtigen verfassungsrechtlichen Begriff für dieses ungewohnte föderale Gemeinwesen. Dafür reicht die negative Auskunft, dass die Union weder als Staatenbund noch als Bundesstaat zu definieren sei, nicht aus. Die prominente Stellung, die der Lissabon-Vertrag dem Euro-

---

84 Christian Calliess spricht von einem »materiellen Verfassungsverständnis, das den Verfassungsbegriff vom Staat löst« (*Die neue Europäische Union*, a. a. O., S. 73).

85 Hans Magnus Enzensberger, *Sanftes Monster Brüssel oder Die Entmündigung Europas*, Berlin: Suhrkamp 2011.

86 Zur begrüßenswerten Rolle der nationalen Parlamente als Hüter der Subsidiarität vgl. Calliess, *Die neue Europäische Union*, a. a. O., S. 182 ff.

päischen Rat und dem Ministerrat einräumt, spiegelt die historische Rolle der Mitgliedstaaten als Initiatoren und treibende Kräfte der europäischen Einigung. Anders als die nationalen Verfassungen im 18. und 19. Jahrhundert ist die Unionsverfassung das Werk politischer Eliten. Während sich seinerzeit revolutionäre Bürger vereinigten, um alte Regimes zu stürzen, waren es dieses Mal Staaten, also kollektive Akteure, die sich mithilfe des Instruments des völkerrechtlichen Vertrages zum Zwecke der Zusammenarbeit auf begrenzten Politikfeldern zusammenschlossen. Aber trotz dieser aktiven Rolle der staatlichen Akteure haben sich im Verlaufe des Einigungsprozesses die Gewichte im Organisationsgefüge inzwischen erheblich zugunsten der europäischen Bürger verschoben.[87]

Die internationale Vertragsgemeinschaft ist in eine Politische Union von unbestimmter Dauer umgewandelt worden. Mit der Einführung der Unionsbürgerschaft, mit dem ausdrücklichen Verweis auf ein europäisches Gemeinwohlinteresse und mit der Anerkennung der Union als eigener Rechtspersönlichkeit sind die Verträge zur Grundlage eines politisch verfassten Gemeinwesens geworden. Der Name »Verfassungsvertrag« mag freilich gegenüber der demokratischen Verfassung eines nationalen Bundesstaates die Besonderheit signalisieren, dass die Europäische Union als ein *überstaatliches*, wenn auch demokratisch konstituiertes (und entsprechend legitimiertes) Gemeinwesen verstanden werden will. Mit den Föderationen des vordemokratischen Zeitalters, den Alten Reichen und Stadtstaatenbünden, teilt die Union den überstaatlichen Charakter; aber anders als die klassischen Staatenbünde soll der Aufbau der Union unmissverständlich demokratischen Grundsätzen entsprechen. Deklamatorisch lassen in dieser Hinsicht die Artikel 9 bis 12 des Lissabon-Vertrages keinen Wunsch offen.[88]

87 Vgl. dazu Jürgen Bast, »Europäische Gesetzgebung: Fünf Stationen in der Verfassungsentwicklung der EU«, in: Franzius/Mayer/Neyer (Hg.), *Strukturfragen der Europäischen Union*, a. a. O., S. 173-180.
88 Vgl. dazu eindringlich Armin von Bogdandy, »Democratic legitimacy of

Um die verfassungsrechtliche Struktur dieser eigentümlichen Gestalt zu klären, empfiehlt es sich, die teleologisch gelesene Entstehungsgeschichte so zu rekonstruieren, als sei das historisch mehr oder weniger kontingente Ergebnis intentional von einem ordentlich zusammengesetzten Verfassungskonvent zustande gebracht worden. Wenn wir ein Äquivalent suchen für das, was im Falle Nordamerikas die Briefe, Aufsätze und Reden der Föderalisten und Antiföderalisten[89] zwischen September 1787 und August 1788 geleistet haben, stoßen wir in Europa kaum auf eine engagierte öffentliche Debatte unter gebildeten Laien und Intellektuellen.[90] Hier hat über die Jahrzehnte eine Diskussion von hoch spezialisierten Fachvertretern, vor allem von Juristen, aber auch von Politik- und Sozialwissenschaftlern das Feld beherrscht.[91] Fairerweise muss man feststellen: »Much of the best scholarly imagination has flown into efforts how to unfold the European Union in a democratic way, and public opinion has participated in these efforts.«[92]

Wie seinerzeit in Nordamerika hat sich auch bei uns der Streit zwischen den euroskeptischen Verteidigern der Staaten und den Föderalisten an der Übertragung der Hoheitsrechte auf die Union entzündet. Aber anders als in den amerikanischen Einwanderungsgesellschaften der nach Unabhängigkeit strebenden Kolonialstaaten begegnen die Föderalisten in Europa der sprachlichen und kulturellen Vielfalt, vor allem dem

---

public authority beyond the state – Lessons from the EU for international organizations«, Arbeitspapier (April 2011), online verfügbar unter: ⟨http://ssrn.com/abstract=1826326⟩ (Stand September 2011).

89 Bernard Baylin, *The Debate on the Constitution: Federalist and Antifederalist Speeches, Articles, and Letters During the Struggle over Ratification, September 1787-August 1788*, 2 Bde., New York: Library of America 1993.

90 Vgl. zu den nationalen Kontexten der stark fragmentierten Diskussion unter den europäischen Intellektuellen Justine Lacroix/Kalypso Nicolaïdes (Hg.), *European Stories. Intellectual Debates on Europe in National Contexts*, Oxford: Oxford UP 2010.

91 Einen guten Überblick über die Europa-Debatten in Großbritannien, Frankreich und Deutschland gibt Richard Münch, *Die Konstruktion der Europäischen Gesellschaft. Zur Dialektik von transnationaler Integration und nationaler Desintegration*, Frankfurt am Main: Campus 2008, S. 186-340.

92 Armin von Bogdandy, mündliche Formulierung.

politischen Eigensinn der *ersten Generation* gewachsener und kriegserfahrener Nationalstaaten (die sich im Laufe des 20. Jahrhunderts auch im Hinblick auf die Konstruktion ihrer wohlfahrtsstaatlichen Regimes voneinander unterscheiden). Zudem steht die europäische Einigung nicht wie die amerikanische am Beginn des Experimentierens mit Formen der Föderation unter Bedingungen des modernen Staatensystems. Heute haben sich alle Föderationen mehr oder weniger dem nationalstaatlichen Format angepasst; auch die USA sind spätestens seit dem Zweiten Weltkrieg zum Bundesstaat geworden. Die Vereinten Nationen können sich zu Beginn des 21. Jahrhunderts als eine Vereinigung von 193 Nationalstaaten verstehen.[93] Umso dringlicher hat sich im Hinblick auf die Europäische Union die Frage wiederholt, mit der sich schon James Madison 1787 konfrontiert sah: Kann ein Bund demokratisch verfasster Mitgliedstaaten selbst den Bedingungen demokratischer Legitimität genügen, ohne die nationale Ebene der föderalen eindeutig unterzuordnen?[94]

Madison verknüpfte die Legitimationsfrage konsequent mit der Frage der Konstituierung der Union und beantwortete sie damit, dass das Ensemble der Gründungsstaaten ihr Zusammengehen nur einstimmig beschließen könne, während die Verfassung selbst die Kompetenzen zwischen den beiden politischen Ebenen so verschränken und austarieren müsse, dass mögliche Konflikte zwischen den Verfassungsorganen ohne eindeutige Vorrangregelung pragmatisch ausgetragen werden können. Mit dem Verzicht auf eine normative Festlegung in der Frage, wer das letzte Wort haben soll, ließ er auch offen, wer genau mit dem Subjekt im ersten Satz des Verfassungstextes, »We the People of the United States«, gemeint sein konnte – die Gesamtheit der Unionsbürger oder die Völker der Einzelstaaten. Nach Madisons Auffassung sollte es der Politik über-

---

93 Im Bundesstaat sieht denn auch Carl Schmitt (*Verfassungslehre*, a. a. O., S. 375) »die Lösung der Antinomien des Bundes«.

94 Bernard Baylin, *The Debate on the Constitution*, a. a. O., Bd. 2, *January to August 1788*, S. 26-32.

lassen bleiben, die Gewichte im Konfliktfall auszubalancieren. Autoren, die heute an diese Vorstellungen anknüpfen,[95] gewinnen daraus zwar gute Argumente gegen eine Engführung der Europadiskussion auf die aus der deutschen Verfassungsgeschichte bekannte Alternative zwischen Staatenbund und Bundesstaat.[96] Der in diesem Zusammenhang übliche Rekurs auf Carl Schmitts »Verfassungslehre des Bundes« geht der Frage nach der demokratischen Legitimation des Bundes jedoch aus dem Weg,[97] da Schmitt die normative Frage nach dem Träger der konstituierenden Gewalt »des Volkes« ausblendet. Anders als Madison hat er die vordemokratischen Formen der Föderation vor Augen und beschränkt sich auf die politischen Entscheidungsprozesse innerhalb des konstituierten Bundes.

Auf die Legitimationsfrage, die uns interessiert, findet sich nur dann eine befriedigende Antwort, wenn wir die verfassungsgebenden Gewalten richtig identifizieren. Nachdem Art. 1 Abs. 2 des Vertrags von Maastricht aus dem Jahr 1992 den Startschuss für eine »immer engere Union *der Völker* Europas« gegeben hatte, nahm Art. 1 Abs. 1 des Vertrages für eine Verfassung Europas bereits Bezug auf beide Subjekte, sowohl auf »die Bürgerinnen und Bürger« wie auf »die Staaten« Europas.[98] Auch wenn die Konventsverfassung aus dem Jahre 2004 gescheitert ist, legt der geltende Lissabon-Vertrag den Schluss auf eine zwischen Bürgern und Staaten »geteilte« Souveräni-

---

95 Robert Schütze, »On ›federal‹ ground: The European Union as an (inter)national phenomenon«, in: *Common Market Law Review* 46/2009), S. 1069-1105.

96 Stefan Oeter, »Föderalismus und Demokratie«, a. a. O.; vgl. auch die Kritik an den bundesstaatlichen Prämissen des Karlsruher Bundesverfassungsgerichts, die Christoph Schönberger in seinem Aufsatz »Lisbon in Karlsruhe: Maastricht's epigones at sea« vorbringt (a. a. O.).

97 Christoph Schönberger, »Die Europäische Union als Bund«, in: *Archiv des öffentlichen Rechts* 129/2004, S. 81-120.

98 »Geleitet von dem Willen der Bürgerinnen und Bürger und der Staaten Europas, ihre Zukunft gemeinsam zu gestalten, begründet diese Verfassung die Europäische Union, der die Mitgliedstaaten Zuständigkeiten zur Verwirklichung ihrer gemeinsamen Ziele übertragen.«

tät[99] schon deshalb nahe, weil das Parlament bei Änderungen des Verfassungsvertrages (wenngleich auf eingeschränkte Weise) in das Verfahren einbezogen ist und im »ordentlichen Gesetzgebungsverfahren« dem Rat als ein ebenbürtiges Organ gegenübersteht.

Aus demokratietheoretischer Sicht verlangt dieses neue Element der Aufspaltung des verfassungsgebenden Subjekts in »Bürger« und »Staaten« allerdings eine wichtige Qualifizierung.[100] Die Bürger sind auf doppelte Weise an der Konstituierung des höherstufigen politischen Gemeinwesens beteiligt, in ihrer Rolle als künftige Unionsbürger und als Angehörige eines der Staatsvölker. Deshalb behält auch die EU-Verfassung – trotz des Umstandes, dass eine der beiden tragenden Säulen *unmittelbar* aus Kollektiven besteht – wie alle modernen Rechtsordnungen einen streng individualistischen Charakter: Sie basiert *letztlich* auf den subjektiven Rechten der Bürger. Daher ist es konsequenter, nicht die Mitgliedstaaten selbst, sondern deren Völker als das andere Subjekt der Verfassungsgebung anzuerkennen: »Die Verträge sprechen, soweit das Demokratieprinzip im Raum steht, zum einen von den Völkern der Mitgliedstaaten und zum anderen von den Unionsbürgern.«[101]

Im Anschluss an Anne Peters plädiert auch Claudio Franzius für die Annahme eines *pouvoir constituant mixte*.[102] Wenn wir in dieser Weise die individuellen Bürger als die einzige Legitimationsgrundlage konzipieren, müssen wir eine falsche Weichenstellung vermeiden. Die Frage ist nicht, ob wir in diesen

---

99 Calliess, *Die neue Europäische Union nach dem Vertrag von Lissabon*, a. a. O., S. 71.

100 Ich danke Peter Niesen für diesen wichtigen Hinweis.

101 Von Bogdandy, »Grundprinzipien«, a. a. O., S. 64. In diesem Zusammenhang ist der Hinweis auf Kant interessant; vgl. dazu den Kommentar von Oliver Eberl und Peter Niesen zu Kants *Zum ewigen Frieden* (Berlin: Suhrkamp 2011, S. 166): »Kant spricht allerdings von der Freiheit der Völker, nicht der der Staaten [...]. Das deutet darauf hin, dass es Kant [...] um die staatsrechtliche Freiheit der Völker und nicht um die völkerrechtliche Freiheit der Staaten geht.«

102 Claudio Franzius schreibt dazu: »Den Konstitutionalisierungsprozess tragen die Bürger als Staats- und Unionsbürger.« (*Europäisches Verfassungsrechtsdenken*, a. a. O., S. 57)

verfassungsgebenden Subjekten »ursprünglich«, wie James Madison meinte, die Bürger der Gründungsstaaten, die sich durch den Prozess der Verfassungsgebung zu Unionsbürgern *erst ermächtigen*, wiedererkennen;[103] oder ob wir in ihnen *unmittelbar* den künftigen Unionsbürgern begegnen. Diese unglückliche Alternative würde wiederum ein Präjudiz für die Zuschreibung von Letztentscheidungsbefugnissen schaffen. Den konsequenteren Weg für die Lösung des Problems, woran sich der demokratische Charakter eines entstaatlichten föderativen Gemeinwesens bemisst, deutet Armin von Bogdandy an: »Theoretisch ist es überzeugender, nur die Individuen, *die (zugleich) Staats- und Unionsbürger sind*, als die einzigen Legitimationssubjekte zu konzipieren.«[104]

In unserem Szenario sind es *dieselben* Personen, die am verfassungsgebenden Prozess gleichzeitig in den Rollen von (künftigen) Bürgern sowohl der Union wie eines ihrer Mitgliedstaaten teilnehmen. In Ausübung der Personalunion dieser beiden Rollen muss bereits den verfassungsgebenden Subjekten selbst zu Bewusstsein kommen, dass sie als Bürger auf den beiden über Parlament und Rat laufenden Legitimationsschienen eine jeweils andere Gerechtigkeitsperspektive einnehmen werden – die eines europäischen Bürgers und die des Angehörigen einer bestimmten Staatsnation. Was innerhalb eines Nationalstaates als eine Gemeinwohlorientierung zählt, verwandelt sich auf der europäischen Ebene in eine partikulare, auf das eigene Volk beschränkte Interessenverallgemeinerung, die mit jener europaweiten, in ihrer Rolle als Unionsbürger erwarteten Interessenverallgemeinerung in Konflikt geraten kann. Dadurch ge-

---

103 In diesem Sinne vertritt Ingolf Pernice die Auffassung, dass der Europäischen Union Hoheitsrechte »originär von den Bürgern der Mitgliedstaaten gemeinsam« übertragen werden (»Verfassungsverbund«, a. a. O., S. 106). Daraus folgert er, dass »die Unionsbürgerschaft der auf die Union und ihre Legitimation bezogene gemeinsame politische Status [ist], den sich die Bürgerinnen und Bürger der Mitgliedstaaten als Staatsbürger durch die Verfassung der Europäischen Union gegeben haben« (ebd., S. 108).
104 Von Bogdandy, »Grundprinzipien«, a. a. O., S. 64 (Klammerzusatz von mir, JH).

winnen die beiden Rollenaspekte der verfassungsgebenden
Subjekte innerhalb des konstituierten Gemeinwesens eine institutionelle Bedeutung: Auf der europäischen Ebene soll der
Bürger gleichzeitig und gleichgewichtig sowohl als Unionsbürger wie auch als Angehöriger eines Staatsvolkes sein Urteil
bilden und politisch entscheiden können. Jede Bürgerin nimmt
an den europäischen Meinungs- und Willensbildungsprozes-
sen sowohl als die *einzelne* autonom »ja« und »nein« sagende
Europäerin wie als die *Angehörige* einer bestimmten Nation
teil.

4. Die geteilte Souveränität als Maßstab für die Legitima-
tionserfordernisse der Union

Der Ausdruck »geteilte Souveränität« ist missverständlich. Die
Souveränität des Volkes, das heißt die »Gewalt«, die »vom Vol-
ke ausgeht«, verzweigt und zerstreut sich innerhalb eines jeden demokratisch verfassten Gemeinwesens von Anbeginn in
die Kommunikationsflüsse der Gesetzgebung, der Exekutive
und der Rechtsprechung. In unserem Zusammenhang ist aber
von einer anderen Souveränitätsteilung die Rede. Die Teilung
der konstituierenden Gewalt teilt die Souveränität *am Ursprung
des zu konstituierenden Gemeinwesens* und nicht erst *an der
Quelle des konstituierten*. Sie erklärt, warum die Europäische
Union zwar mit Bundesstaaten den Charakter eines Mehrebe-
nensystems teilt, aber nicht als eine Art *unvollständige* Bundesrepublik begriffen werden darf. Ein Nationalstaat wird, auch
wenn er im Inneren föderal aufgebaut ist, allein von der Gesamtheit der nationalen Bürger konstituiert.[105] Aus der Retro-

105 Auch wenn es in den USA sogar noch im Jahr 1995 am Supreme Court Richter gab, die das in Art. 1 Abs. 1 der US-Verfassung genannte Subjekt »We
the People« (trotz des Singulars) im Sinne der Gesamtheit der »Völker«
der Gliedstaaten und nicht des Bundesvolkes verstanden wissen wollten,
spricht dieser überraschende Befund zwar für die Hartnäckigkeit alter
Loyalitäten, aber nicht gegen die begriffliche Notwendigkeit einer Differenzierung zwischen der Ebene, auf der ein politisches Gemeinwesen konstitu-

spektive kann hingegen die Gründung der Europäischen Union so gedacht werden, dass sich die beteiligten Bürger (oder deren Repräsentanten) von Anbeginn in zwei *personae* aufspalten; dann tritt jede Person sich als europäische Bürgerin im verfassungsgebenden Prozess gewissermaßen selbst als Bürgerin eines jeweils schon konstituierten Staatsvolkes gegenüber.

Auch in Bundesstaaten geht die Kompetenzverteilung im Allgemeinen auf eine begrenzte Einzelfallermächtigung der Bundesorgane zurück. Aber solange die Bürger einer Staatsnation alleine als verfassungsgebendes Subjekt des Gesamtstaates auftreten, legen sie nicht nur den Vorrang des Bundesrechts fest, sondern behalten auch die Zuständigkeit für Verfassungsänderungen entweder (über nationale Referenden) sich selbst oder den gesetzgebenden Bundesorganen vor.[106] Die Denkfigur der »ursprünglich geteilten« Volkssouveränität schließt aus, dass es auf europäischer Ebene eine solche »Kompetenz-Kompetenz« geben kann. Zwar sind die verfassungsgebenden Subjekte in ihrer Rolle als Angehörige der (künftigen) Mitgliedstaaten bereit, einen Teil der Hoheitsrechte ihrer bereits konstituierten Staaten auf das neue Gemeinwesen zu übertragen; sie tun dies aber nur mit einem Vorbehalt, der weit über die auch sonst übliche Garantie der teilstaatlichen Gliederung des föderalen Gemeinwesens hinausgeht. Die europäischen Völker stellen mit ihrer Beteiligung am verfassungsgebenden Prozess vielmehr sicher, dass der jeweils eigene Staat innerhalb des föderalen Gemeinwesens *in seiner freiheitssichernden Funktion* eines demokratischen Rechtsstaates erhalten bleibt.

Unter dem verfassungspolitischen Gesichtspunkt, dass die Union das in den Staaten bereits erreichte Niveau der Bändigung und Zivilisierung staatlicher Gewalt *nicht unterbieten*

---

iert wird und den gegebenenfalls *in ihm* konstituierten Ebenen; vgl. zu diesem Fall Schönberger, »Die Europäische Union als Bund«, a. a. O., S. 81 ff.

106 Das gilt auch für die Schweizer Bundesverfassung von 1999 (Art. 192-194), obwohl (nach Präambel und Art. 1 Abs. 1) die Schweizer Eidgenossenschaft gleichzeitig vom »Schweizervolk und den Kantonen« gegründet wird. Die Organe des Bundes genießen im Übrigen die Prärogativen (Art. 184-186), welche die Kompetenz-Kompetenz eines Bundesstaates kennzeichnen.

darf, wird auch der Vorbehalt der nationalen Verfassungsgerichte gegenüber dem Anwendungsvorrang des europäischen Rechts verständlich: Das auf nationaler Ebene verwirklichte Maß an staatlich garantierten Bürgerfreiheiten soll als Standard dienen, dem das europäische Recht genügen muss, bevor es auf nationaler Ebene umgesetzt werden darf. Verständlich wird so überhaupt erst die relativ starke Stellung der Mitgliedstaaten, die sich nicht nur in der Reservierung des Gewaltmonopols und im (einstweilen noch überproportionalen) Zugriff auf die europäische Gesetzgebung ausprägt. Interessant sind zwei weitere Abweichungen vom bundesstaatlichen Modell.

Während die amerikanische Verfassung in Art. V *Amendments* von der Zustimmung der gesetzgebenden Organe einer qualifizierten *Mehrheit* der Staaten abhängig macht,[107] erfordert die Änderung der Europäischen Verträge (gemäß dem ordentlichen Änderungsverfahren nach Art. 48 EUV) *Einstimmigkeit* unter den Mitgliedstaaten. Einen ähnlich exemplarischen Ausdruck findet die *teilweise* beibehaltene Souveränität der Mitgliedstaaten in der Garantie eines Austrittsrechtes (nach Art. 50 EUV); obgleich die Union auf unbestimmte Zeit gegründet worden ist, steht es jedem Mitgliedstaat frei, das Maß an Souveränität *zurückzugewinnen*, das er vor dem Eintritt in die Union genossen hatte. Die Modalitäten, die bis zum Wirksamwerden des Austrittswillens berücksichtigt werden müssen, zeigen allerdings, dass »dem Austrittrecht keine Kompetenz-Kompetenz rechtlich ungebundener Willkürfreiheit« zugrunde liegt;[108] denn jene ursprüngliche »Teilung der Souveränität«, auf die sich ein Mitgliedstaat beim Eintritt in die Union einlässt, ist mit dem Vorbehalt eigener souveräner Entscheidungen unvereinbar.

---

107 Gegenüber irreführenden Vergleichen der europäischen mit der amerikanischen Verfassungsentwicklung ist festzuhalten, dass die US-Verfassung mit dieser Bestimmung (im Unterschied zu den Europäischen Verträgen) die Weichen für eine Entwicklung stellt, in deren Verlauf die Vereinigten Staaten das Format eines Bundesstaates angenommen haben.

108 Franzius, *Europäisches Verfassungsrechtsdenken*, a. a. O., S. 134; vgl. auch Schönberger, »Die Europäische Union als Bund«, a. a. O., S. 103.

Freilich stellt sich die Frage, ob sich – nach den Maßstäben einer *demokratischen* Verrechtlichung des Regierens jenseits des Nationalstaates – in diesen Abweichungen vom bekannten Legitimationsmuster nicht doch ein Defizit verrät. Nach meiner Auffassung müssen sie dann keine Legitimationseinbuße bedeuten, wenn die beiden verfassungsgebenden Subjekte, also die Unionsbürger und die europäischen Völker, eines Tages in allen Funktionen der Gesetzgebung konsequent als gleichberechtigte Partner auftreten. Die Souveränitätsteilung als solche lässt sich, wie gesagt, damit rechtfertigen, dass die Unionsbürger gute Gründe haben, auf europäischer Ebene an einer gleichberechtigten Rolle ihrer Staaten festzuhalten. Die Nationalstaaten sind als demokratische Rechtsstaaten nicht nur Akteure auf dem langen historischen Weg zur Zivilisierung des Gewaltkerns politischer Herrschaft, sondern *bleibende* Errungenschaften und lebendige Gestalten einer »existierenden Gerechtigkeit« (Hegel). Die Unionsbürger können deshalb ein begründetes Interesse daran haben, dass der jeweils eigene Nationalstaat auch in der Rolle eines Mitgliedstaates *weiterhin* die bewährte Rolle eines *Garanten von Recht und Freiheit* spielt. Die Nationalstaaten sind mehr als nur die Verkörperung bewahrenswerter nationaler Kulturen; sie *bürgen* für ein Niveau an Gerechtigkeit und Freiheit, das die Bürger zu Recht erhalten sehen wollen.

An dieser Stelle darf der Gedanke nicht kommunitaristisch entgleisen. Das Interesse an der Bewahrung *kulturell* prägender Lebensformen, in denen die Bürger einen Teil ihrer eigenen kollektiven Identität wiedererkennen, ist gewiss *auch* ein verfassungsrechtlich relevanter Grund. Wäre dies aber das ausschlaggebende Interesse der Bürger an der Erhaltung ihrer Nationalstaaten, ließe es sich im Rahmen eines bundesstaatlich verfassten Europas durch Berücksichtigung des Subsidiaritätsprinzips befriedigen. Innerhalb eines Bundesstaates wird die Autonomie der untergeordneten Staaten oder Länder um des Schutzes ihrer historisch ausgeprägten *soziokulturellen und landsmannschaftlich-regionalen Eigenart* willen anerkannt –

und nicht, weil diese autonomen Einheiten *als Garanten der gleichen Freiheit der Staatsbürger* noch gebraucht würden.[109] Genau um dieser Ausfallbürgschaft willen wollten sich aber die Angehörigen der europäischen Völker die konstituierende Gewalt mit den Unionsbürgern *bloß teilen*, statt in der Rolle von Unionsbürgern *aufzugehen* – denen andernfalls auch die Kompetenz zur Verfassungsänderung allein zugefallen wäre.

Die geteilte Souveränität liefert den Maßstab für die Legitimationserfordernisse eines entstaatlichten supranationalen Gemeinwesens. Auf diese Weise lassen sich aber nicht nur die Abweichungen vom Modell des Bundesstaates rechtfertigen, sondern auch die demokratischen Defizite der geltenden EU-Verträge identifizieren. Zunächst verlangt natürlich die Transnationalisierung der Wahlen zum Europäischen Parlament ein entsprechend einheitliches Wahlrecht und darüber hinaus eine gewisse Europäisierung des bestehenden Parteiensystems.[110] Auf der institutionellen Ebene muss sich aber vor allem die Gleichberechtigung, die wir europäischen Völkern und Unionsbürgern rekonstruktiv als verfassungsgebenden Subjekten zuschreiben, in der Verteilung der Funktionen und Gesetzgebungskompetenzen wiederfinden lassen. Auf allen Politikfeldern sollte zwischen Rat und Parlament ein Gleichgewicht der Kompetenzen hergestellt werden. Inkonsequent ist auch die eigentümliche Schwebelage der Kommission, der wesentliche Initiativrechte vorbehalten sind. Stattdessen müsste die Kommission – in Abweichung vom Modell einer Bundesregierung – von Parlament und Rat in symmetrischer Weise ab-

---

109 Natürlich ist es eine politische Frage und, historisch gesehen, immer ein kontingentes Ergebnis sozialer und politischer Kämpfe, für welches identitätsrelevante Bezugssystem jeweils welche verfassungsrechtliche Definition durchgesetzt wird; vgl. Christoph Möllers, »Demokratische Ebenengliederung«, in: Ivo Appel, Georg Hermes und Christoph Schönberger (Hg.), *Öffentliches Recht im offenen Staat*, Festschrift für Rainer Wahl, Berlin: Duncker & Humblot 2011, S. 759-778.

110 Vgl. dazu die Studie, die Claudio Franzius und Ulrich K. Preuß für die Heinrich-Böll-Stiftung über »Solidarität und Selbstbehauptung: Die Zukunft der EU im 21. Jahrhundert« angefertigt haben (unveröffentlichtes Manuskript 2011).

hängen und beiden Institutionen gegenüber verantwortlich sein. Ganz aus dem Rahmen fällt der Europäische Rat, den der Lissabon-Vertrag in der Aufzählung der Organe an zweiter Stelle nach dem Parlament nennt.[111] Als Sitz der intergouvernementalen Herrschaft der Regierungschefs bildet er – noch vor dem Ministerrat – den eigentlichen Gegenpol zum Parlament, während das Verhältnis zu einer Kommission, die sich als Sachwalter der Gemeinschaftsinteressen verstehen soll, unklar bleibt.

Der Europäische Rat ist ein Leitungsorgan, das die Richtlinien der Politik festlegt, aber weder ein Gesetzgebungsrecht noch ein Weisungsrecht gegenüber der Kommission besitzt. Zudem besteht ein eigentümlicher Gegensatz zwischen der politischen Macht, die im Europäischen Rat konzentriert ist, und der fehlenden Rechtswirksamkeit seiner Beschlüsse. Allerdings kann er über seine Kompetenz im vereinfachten Vertragsänderungsverfahren institutionelle Neuerungen in Gang setzen. Ausgestattet mit der starken Legitimation gewählter Regierungschefs, übt er, obgleich er seine Beschlüsse im Konsens fassen muss, eine erhebliche extrakonstitutionelle Macht aus: »Als politisches Leitorgan ist er dem König aus dem Frühkonstitutionalismus des 19. Jahrhunderts nicht unähnlich.«[112] Der Lissabon-Vertrag sollte mit der Eingliederung des Europäischen Rates in das institutionelle Gefüge die Handlungsfähigkeit der EU stärken; tatsächlich zahlt er dafür einen hohen Preis in der Münze der mangelnden Legitimität weittragender Beschlüsse. Das zeigt sich seit der Finanzkrise von 2008 an den folgenreichen Entscheidungen über Garantien für überschuldete Staaten und über neue Modalitäten einer außervertraglichen Abstimmung von Haushaltsplänen im Kreise der 17 Regierungen der Währungsgemeinschaft.

111 Calliess, *Die neue Europäische Union nach dem Vertrag von Lissabon*, a. a. O., S. 118-128.
112 Franzius, *Europäisches Verfassungsrechtsdenken*, a. a. O., S. 58; ähnlich Armin von Bogdandy, »Grundprinzipien«, a. a. O., S. 44.

5. Vom Zögern der politischen Eliten an der Schwelle zur transnationalen Demokratie

Diese Beobachtung erinnert an das komplexe *Verhältnis zwischen Verfassungsnorm und Verfassungswirklichkeit.* Die empirisch verfahrenden Politikwissenschaften, die mehr oder weniger drastische Abweichungen des faktischen Machtkreislaufs vom normativ gebotenen Muster feststellen, haben oft einen entlarvenden Effekt. Aber Überbauvorstellungen sind fehl am Platz. Es ist ja nicht so, als seien die politischen Praktiken bloß eine abhängige Variable im Feld gesellschaftlicher Interessenlagen, informeller Machtverhältnisse und systemfunktionaler Notwendigkeiten. Sie gehorchen vielmehr einem eigensinnigen politischen Kode, der mit dem rechtlichen Normengefüge verschränkt ist. Das erklärt, warum innovative Verfassungsnormen, die auf der supranationalen Ebene Recht und Politik verkoppeln, in vielen Fällen eine konstruktiv vorausgreifende, impulsgebende Wirkung haben, indem sie Lern- und Anpassungsprozesse anstoßen. Daher nehmen wir, wenn wir die demokratische Verrechtlichung eines supranationalen Gemeinwesens wie der EU als einen weiteren Schritt auf dem Wege zur Zivilisierung der staatlichen Gewalt verstehen wollen, eine konstruktivistische Blickrichtung ein.[113]

Dieselbe Perspektive empfiehlt sich auch bei der sozialwissenschaftlichen Analyse der anspruchsvollen politisch-kulturellen Bedingungen, die für eine transnationale Willensbildung der Unionsbürger erfüllt sein müssten.[114] Bisher haben wir nur zwei der drei demokratischen Verfassungskomponenten behandelt, die auf der europäischen Ebene in eine neue Konstellation treten. Sobald sich eine Verfassungsgemeinschaft über den Organisationskern eines einzelnen Staates hinaus ausdehnt,

---

113 Vgl. zum Sozialkonstruktivismus in der internationalen Politik Bernhard Zangl/Michael Zürn, *Frieden und Krieg. Sicherheit in der nationalen und postnationalen Konstellation*, Frankfurt am Main: Suhrkamp 2003, S. 118-148.

114 Eine interessante Forschungsperspektive entwickelt Richard Münch (*Die Konstruktion der Europäischen Gesellschaft*, a. a. O., S. 68 ff.).

muss aber der dritte Bestandteil, die Solidarität von Bürgern, die bereit sind, füreinander einzustehen, gewissermaßen mitwachsen. Die Gesamtheit der Unionsbürger kann sich die Souveränität mit den Völkern der nach wie vor gewaltmonopolisierenden Mitgliedstaaten nur dann effektiv teilen, wenn auch die nationale Bürgersolidarität einem Formwandel unterliegt. Nach unserem Szenario müsste eine erweiterte, wenn auch abstraktere, also vergleichsweise weniger belastungsfähige Bürgersolidarität die Angehörigen der jeweils anderen europäischen Völker einschließen – aus deutscher Sicht beispielsweise die Griechen, wenn diese international erzwungenen und sozial unausgewogenen Sparprogrammen unterworfen werden. Nur dann sind die Unionsbürger, die das Straßburger Parlament wählen und kontrollieren, imstande, an einer gemeinsamen, über nationale Grenzen hinausreichenden demokratischen Willensbildung teilzunehmen.[115]

Gewiss, die Erweiterung von Kommunikationsnetzen und Wahrnehmungshorizonten, die Liberalisierung von Wertorientierungen und Einstellungen, eine wachsende Bereitschaft zur Inklusion von Fremden, die Stärkung zivilgesellschaftlicher Initiativen und eine entsprechende Transformation starker Identitäten können mit rechtlich-administrativen Mitteln bestenfalls stimuliert werden. Dennoch besteht eine zirkuläre, sich wechselseitig entweder verstärkende oder hemmende Interaktion zwischen politischen Prozessen und Verfassungsnormen auf der einen, dem Netzwerk geteilter politisch-kultureller Einstellungen und Überzeugungen auf der anderen Seite. In diesem Sinne verstehe ich Christoph Möllers, der eine »Co-evolution von demokratischem Legitimationssubjekt und demokratisch-egalitären institutionellen Arrangements« beobachtet; diese mache es möglich, »Ebenen jenseits des demokratischen Staates mit weiteren Handlungsbefugnissen auszustatten«.[116]

115 Jürgen Habermas, »Ist die Herausbildung einer europäischen Identität nötig, und ist sie möglich?«, in: ders., *Der gespaltene Westen*, Frankfurt am Main 2004, S. 68-82.

116 Möllers, »Demokratische Ebenengliederung«, a. a. O., S. 775 ff.

Für die verfassungsrechtliche Definition der Grenzen eines politischen Gemeinwesens und seiner Teilpopulationen, für die Definition der Stufen in einem politischen Mehrebenensystem gibt es keine »Gegebenheiten«; Loyalitäten bilden sich und Traditionen verändern sich. Auch Nationen sind wie alle anderen vergleichbaren Referenten keine Naturtatsachen, wenngleich normalerweise auch nicht nur (wie im Falle vieler kolonialer Staatengründungen) Fiktionen.

Im politischen Leben eines Bürgers überlagern sich viele Loyalitäten, die individuell ganz verschieden gewichtet sind – darunter auch die politisch relevante Verbundenheit mit der Herkunftsregion, mit der Stadt oder der Provinz des jeweiligen Wohnortes, mit dem Land oder der Nation usw. Nur in Konfliktfällen aktualisieren sich die Gewichte dieser Loyalitäten, müssen sie gegeneinander abgewogen werden; ein Maß für die Identifikation mit der einen oder anderen sozialen Bezugsgröße ist die Bereitschaft, auf der Grundlage längerfristiger Reziprozität auch Opfer zu bringen. Mit der Abschaffung der Wehrpflicht ist der Testfall des Krieges, also der *absolute* Anspruch, das eigene Leben für das Wohl der Nation aufzuopfern, glücklicherweise entfallen. Aber der lange Schatten des Nationalismus liegt auch noch auf der Gegenwart. Die supranationale Ausdehnung der staatsbürgerlichen Solidarität hängt von Lernprozessen ab, die, wie die gegenwärtige Krise hoffen lässt, von der Wahrnehmung wirtschaftlicher und politischer Notwendigkeiten stimuliert werden können.

Inzwischen hat die List der ökonomischen Vernunft eine länderübergreifende Kommunikation wenigstens in Gang gebracht. Die europäischen Institutionen haben ja für die wahlberechtigten, mit einem weinroten Pass ausgestatteten Unionsbürger längst den virtuellen Raum entworfen, den ein entsprechend erweiterter, zivilgesellschaftlicher Kommunikationszusammenhang mit Leben erfüllen müsste. Aber dieser kann sich nur im Zuge einer gegenseitigen *Öffnung* der nationalen Öffentlichkeiten *füreinander* verdichten. Für eine Transnationalisierung der bestehenden nationalen Öffentlichkeiten brauchten wir keine anderen Medien, sondern eine andere Praxis der bestehenden Leitmedien. Diese müssen die europäischen Themen nicht nur als solche präsent machen und behandeln, sondern gleichzeitig über die politischen Stellungnahmen und Kontroversen berichten, die dieselben Themen in den anderen Mitgliedstaaten auslösen. Da die Europäische Union bisher wesentlich von den politischen Eliten getragen und monopolisiert worden ist, ist eine gefährliche Asymmetrie entstanden – eine Asymmetrie zwischen der demokratischen Teilnahme der *Völker* an dem, was ihre Regierungen auf der aus ihrer Sicht weit entfernten Brüsseler Bühne für sie selbst »herausholen«, und der Indifferenz, ja Teilnahmslosigkeit der *Unionsbürger* im Hinblick auf die Entscheidungen ihres Parlaments in Straßburg.

Diese Beobachtung berechtigt jedoch nicht zu einer Substantialisierung der »Völker«. Nur noch der Rechtspopulismus entwirft die Karikatur nationaler Großsubjekte, die sich gegeneinander abkapseln und eine grenzüberschreitende demokratische Willensbildung blockieren. Nach fünfzig Jahren Arbeitsimmigration lassen sich auch die europäischen Staatsvölker angesichts ihrer wachsenden ethnischen, sprachlichen und religiösen Vielfältigkeit nicht mehr als kulturell homogene Einheiten imaginieren.[117] Zusätzlich haben Internet und Massentourismus die nationalen Grenzen porös gemacht. In Territorialstaaten musste der fließende Horizont einer über große Räume und komplexe Verhältnisse hinweg geteilten Lebenswelt *immer schon* durch Massenmedien hergestellt und über einen zivilgesellschaftlichen Kommunikationszusammenhang mit einem abstrakten Kreislauf von Ideen ausgefüllt werden. Das kann sich europaweit nur im Rahmen einer vage geteilten politischen Kultur einspielen. Aber je mehr den nationalen Bevölkerungen zu Bewusstsein kommt und von den Medien zu Bewusstsein gebracht wird, wie tief die Entscheidungen der Europäischen Union in ihren Alltag eingreifen, desto stärker

---

117 Klaus Eder, »Europäische Öffentlichkeit und multiple Identitäten – das Ende des Volksbegriffs?«, in: Claudio Franzius/Ulrich K. Preuß (Hg.), *Europäische Öffentlichkeit*, Baden-Baden: Nomos 2004, S. 61-80.

wird ihr Interesse zunehmen, auch als Unionsbürger von ihren demokratischen Rechten Gebrauch zu machen.

Der Impact-Faktor des wahrgenommenen Gewichts europäischer Entscheidungen ist in der Euro-Krise spürbar geworden. Der Europäische Rat wird durch die Krise widerstrebend zu Entscheidungen gezwungen, die die nationalen Haushalte auf erkennbar ungleiche Weise belasten. Seit dem 8. Mai 2010 hat der Europäische Rat mit Beschlüssen zu Rettungspaketen und möglichen Umschuldungen sowie mit Absichtserklärungen zu einer Harmonisierung der staatlichen Haushalte in allen wettbewerbsrelevanten Bereichen der Wirtschafts-, Fiskal-, Arbeitsmarkt-, Sozial- und Bildungspolitik eine wichtige Schwelle überschritten. Jenseits dieser Schwelle treten neue Probleme der Verteilungsgerechtigkeit auf; mit dem Übergang von »negativer« zu »positiver« Integration verschieben sich die Gewichte von der Output- zur Input-Legitimation – für die Bürger wird eine aktive Einflussnahme auf Art und Inhalt der Politiken und Gesetze umso wichtiger, je mehr die Unzufriedenheit mit den staatlichen Leistungen wächst.[118] Es läge also in der Logik dieser Entwicklung, dass Staatsbürger, die eine Umverteilung der Lasten über nationale Grenzen hinweg hinnehmen *müssen*, in ihrer Rolle als Unionsbürger auf das, was ihre Regierungschefs aushandeln oder in einer rechtlichen Grauzone verabreden, demokratisch Einfluss nehmen *wollen*. Stattdessen beobachten wir aufseiten der Regierungen ein hinhaltendes Taktieren und aufseiten der Bevölkerungen eine populistisch geschürte Ablehnung des europäischen Projekts im Ganzen. Dieses selbstdestruktive Verhalten erklärt sich unmittelbar aus der Tatsache, dass die politischen Eliten und die Medien zögern, die Bevölkerung für eine gemeinsame europäische Zukunft zu gewinnen.

Unter dem Druck der Finanzmärkte hat sich die Erkenntnis durchgesetzt, dass bei der Einführung des Euro eine wesentliche ökonomische Voraussetzung des Verfassungsprojek-

---

118 Fritz W. Scharpf, *Regieren in Europa: Effektiv und demokratisch?*, Frankfurt am Main: Campus 1999.

tes vernachlässigt worden ist. Die Europäische Union kann sich gegenüber der Finanzspekulation nur behaupten, so die einhellige Analyse, wenn sie die politischen Steuerungskompetenzen erhält, die erforderlich sind, um wenigstens in Kerneuropa, also zwischen den Mitgliedern der Europäischen Währungsgemeinschaft, mittelfristig für eine Konvergenz der wirtschaftlichen und sozialen Entwicklungen in den Mitgliedsländern zu sorgen.[119] Eigentlich ist allen Beteiligten klar, dass dieser Grad der »verstärkten Zusammenarbeit« im Rahmen der bestehenden Verträge nicht möglich ist. Die Konsequenz einer gemeinsamen »Wirtschaftsregierung«, zu der sich nun auch die deutsche Bundesregierung bequemt, würde bedeuten, dass sich die zentrale Förderung der Wettbewerbsfähigkeit aller Mitgliedstaaten weit über die Finanz- und Wirtschaftspolitiken hinaus auf die nationalen Haushalte insgesamt erstrecken und damit tief in die Herzkammer der nationalen Parlamente eindringen würde. Daher ist die überfällige Reform, sofern das geltende Recht nicht flagrant gebrochen werden soll, nur auf dem Weg einer Übertragung weiterer Kompetenzen von den Mitgliedstaaten auf die Union möglich.

Diese Einsicht hat inzwischen die politischen Leitmedien erreicht: »Die Krise hat die Schwächen des Lissabon-Vertrages offengelegt: Mit ihm ist die EU nicht für die Herausforderungen gerüstet, deren sie sich als Wirtschafts- und Währungsunion gegenüber sieht.«[120] Die Hürden für eine Vertragsänderung sind hoch. Und der Entschluss, sie zu nehmen, würde von den politischen Eliten eine einschneidende Verhaltensän-

---

119 Vgl. zu den rechtlichen Möglichkeiten einer europäischen Binnendifferenzierung Daniel Thym, »Variable Geometrie in der Europäischen Union: Kontrollierte Binnendifferenzierung und Schutz vor unionsexterner Gefährdung«, in: Stefan Kadelbach (Hg.), *60 Jahre Integration in Europa. Variable Geometrien und politische Verflechtung jenseits der EU*, Baden-Baden: Nomos 2011, S. 117-135.

120 Martin Winter, »Reform der Reform«, in: *Süddeutsche Zeitung* (18. August 2011), S. 4; vgl. auch das energische Plädoyer für eine Vertragsrevision von Catherine Hoffmann, »Klub der Illusionisten. Ohne gemeinsame Finanzpolitik ist die Krise in Europa nicht zu lösen«, in: *Süddeutsche Zeitung* (3./4. September 2011), S. 23.

derung verlangen: Wenn sie ihre Bevölkerungen für ein soli-
darisches Europa gewinnen wollten, müssten sie sich von der
gewohnten Kombination aus Öffentlichkeitsarbeit und exper-
tengesteuertem Inkrementalismus verabschieden und auf einen
riskanten, vor allem inspirierten Kampf in der breiten Öffentlichkeit umstellen. Und paradoxerweise müssten sie im europäischen Gemeinwohlinteresse etwas wollen, das dem eigenen
Machterhaltungsinteresse entgegenläuft. Denn langfristig würden die nationalen Handlungsspielräume enger werden und die
Auftritte nationaler Potentaten an Bedeutung verlieren.[121] Angela Merkel und Nicolas Sarkozy haben am 22. Juli 2011 einen
vagen und gewiss auslegungsbedürftigen Kompromiss zwischen
deutschem Wirtschaftsliberalismus und französischem Etatis-
mus geschlossen, der eine ganz andere Absicht zum Ausdruck
bringt. Alle Zeichen deuten darauf hin, dass beide den im Lissabon-Vertrag angelegten Exekutivföderalismus zu einer – dem
Geist des Vertrages zuwiderlaufenden – intergouvernementalen Herrschaft des Europäischen Rates ausbauen möchten.
Auf diesem Wege einer zentralen Steuerung durch den Europäischen Rat könnten sie die Imperative der Märkte an die nationalen Haushalte weitergeben. Dabei müssten intransparent
getroffene und rechtlich formlose Vereinbarungen mithilfe von
Sanktionsandrohungen und Pressionen gegenüber den entmach-
teten nationalen Parlamenten durchgesetzt werden. Die Regierungschefs würden auf diese Weise das Europäische Projekt in
sein Gegenteil verkehren. Aus dem ersten demokratisch verrechtlichten supranationalen Gemeinwesen würde ein Arrangement zur Ausübung postdemokratisch-bürokratischer Herrschaft.

Die Alternative besteht in der konsequenten Fortführung
der demokratischen Verrechtlichung der Europäischen Union.
Eine europaweite Bürgersolidarität kann sich nicht herausbil-
den, wenn sich zwischen den Mitgliedstaaten, also an den na-

---

121 Vgl. zur überfälligen Politisierung Pieter de Wilde/Michael Zürn, »Some-
where along the line: Can the politicization of European integration be
reversed?«, unveröffentlichtes Manuskript 2011.

tionalen Sollbruchstellen, soziale Ungleichheiten strukturell verstetigen. Die Union muss gewährleisten, was das Grundgesetz der Bundesrepublik Deutschland (in Art. 106 Abs. 3) die »Einheitlichkeit der Lebensverhältnisse« nennt. Diese »Einheitlichkeit« bezieht sich nur auf eine Variationsbreite *sozialer* Lebenslagen, die unter Gesichtspunkten der Verteilungsgerechtigkeit akzeptabel ist, nicht auf die Einebnung *kultureller* Unterschiede. Vielmehr ist der sozial unterfütterte politische Zusammenhalt nötig, damit die nationale Vielfalt und der unvergleichliche kulturelle Reichtum des Biotops »Alteuropa« inmitten einer rasant fortschreitenden Globalisierung überhaupt vor Einebnung geschützt werden kann.

III. Von der internationalen zur kosmopolitischen Gemeinschaft

Die Erzählung von der zivilisierenden Kraft der demokratischen Verrechtlichung über nationale Grenzen hinaus gewinnt ihren Impetus aus einer lähmenden Konstellation der Weltpolitik, die sich heute vor allem darin spiegelt, dass die Finanzmärkte auch noch der Reichweite der mächtigsten Nationalstaaten entwachsen sind. In der aktuellen Krise scheinen diese den staatlichen Garanten der öffentlichen Wohlfahrt keine einladenden Optionen mehr offenzulassen.[122] In dieser Situation weist der Versuch der europäischen Staaten, durch supranationale Vergemeinschaftung einen Teil der politischen Selbststeuerungsfähigkeit zurückzugewinnen, über bloße Selbstbehauptung hinaus. Daher findet das Narrativ, das ich für die europäische Einigung vorgeschlagen habe, seine Fortsetzung

---

122 In ihrem Artikel »Die nächste Stufe der Krise« diskutieren Jens Beckert und Wolfgang Streeck die erwartbaren Kosten der vier Strategien, die sich zur Überwindung der Staatsschuldenkrise noch anbieten: (1) Verringerung der Staatsausgaben, (2) Steuererhöhungen, (3) Einstellung des Schuldendienstes und Verhandlung mit Gläubigern über Schuldennachlass, (4) Inflationspolitik (in: *Frankfurter Allgemeine Zeitung* [20. August 2011], S. 29).

in Gedanken zu einer politisch verfassten Weltgesellschaft. Auf europäischer Ebene haben sich, wie wir gesehen haben, zwei Innovationen als wegweisend herausgestellt: zum einen die Unterordnung der gewaltmonopolisierenden Mitgliedstaaten unter Unionsrecht und zum anderen die Teilung der Souveränität zwischen den verfassungsgebenden Subjekten der Bürger und der Staatsvölker. Spuren des ersten dieser beiden Elemente haben sich sowohl in der globalen Wirkung des zwingenden Völkerrechts wie auch innerhalb des institutionellen Rahmens der Vereinten Nationen niedergeschlagen. Das zweite Element könnte den Vorschlägen zur Konstituierung eines Weltparlaments einen Teil ihres überfliegenden Charakters nehmen.

Freilich dürfen wir die Unterschiede zwischen den beiden komplementären Zweigen der supranationalen Rechtsevolution seit 1945 nicht verwischen. Das überstaatliche Gemeinwesen der Europäischen Union teilt mit herkömmlichen Staaten den Partikularismus, mit dem sich politische Einheiten im sozialen Raum gegeneinander abgrenzen. Hingegen würde eine kosmopolitische Verbindung von Weltbürgern – wie schon die bereits bestehende internationale Staatengemeinschaft – nur noch eine Binnenperspektive zulassen. Dieser Perspektivenwechsel vom klassischen Völkerrecht zur politischen Verfassung der Weltgesellschaft ist keine pure Gedankenkonstruktion mehr. Diesen Wechsel der Perspektive drängt die gesellschaftliche Realität selbst dem zeitgenössischen Bewusstsein auf. In dem Maße, wie die Funktionssysteme der im Entstehen begriffenen Weltgesellschaft durch die nationalen Grenzen hindurchgreifen, entstehen externe Kosten von einer bisher unbekannten Größenordnung – und damit ein Regelungsbedarf, der die bestehenden politischen Handlungskapazitäten überfordert. Das gilt nicht nur für die Ungleichgewichte des ökonomischen Teilsystems und eine sich seit der Finanzkrise von 2008 ungehemmt beschleunigende Spekulation. Ein ähnlich globaler Regelungsbedarf ist ebenso mit den ökologischen Ungleichgewichten und den Risiken der Großtechnologie entstanden. Mit solchen Problemlagen der Weltgesellschaft sind heute nicht einzelne Staaten oder Koalitionen von Staaten konfrontiert, sondern die Politik im Singular.

Die Politik begegnet gesellschaftlichen Problemlagen nicht mehr nur innerhalb des institutionellen Rahmens von Nationalstaaten oder, soweit diese Probleme grenzüberschreitenden Charakter haben, als Gegenständen intergouvernementaler Regelungen. Nach zwei, drei Jahrzehnten der unerhörten Kreativität und Zerstörungsgewalt einer politisch gewollten Globalisierung steht das Verhältnis von Politik und Gesellschaft als solches zur Diskussion. Die Agenda der Weltpolitik wird nicht mehr in erster Linie von zwischenstaatlichen Konflikten beherrscht, sondern von einem neuen Thema: Es geht um die Frage, ob die internationalen Konfliktpotenziale so weit beherrscht werden können, dass sich aus einer – bislang unwahrscheinlichen – Kooperation der Weltmächte global wirksame Normen und Verfahren und entsprechend weiträumig greifende politische Handlungskapazitäten entwickeln können. Wiederholt sich auf der Linie der Konstitutionalisierung des Völkerrechts ein Entwicklungsrhythmus, den wir auf der Linie der europäischen Einigung – von der Pazifizierung kriegerischer zur institutionalisierten Zusammenarbeit domestizierter Staaten – kennengelernt haben? Im Folgenden behandele ich zunächst die Kernfunktionen der Vereinten Nationen – Friedenssicherung und Politik der Menschenrechte (1), um anschließend zu überlegen, wie ein Arrangement zur Lösung der dringendsten Probleme einer Weltinnenpolitik aussehen könnte (2).

Heute bilden die Vereinten *Nationen* eine aus 193 Staaten bestehende *supranationale* Organisation. Zwischen der supranationalen und der nationalen hat sich eine *transnationale Ebene* mit einer großen Anzahl internationaler Organisationen entwickelt (z. B. wichtigen Unterorganisationen der UNO wie WHO, ILO, UNHCR, UNESCO usw., großen Weltwirtschaftsorganisationen wie WTO, WMF und Weltbank, auch informellen politischen Lenkungsinstrumenten wie den periodischen »Gipfeltreffen« der G8- und der G20-Staaten).[123] Wenn wir nun davon ausgehen, dass die nationalstaatlichen Akteure, bei denen sich die politischen Handlungsfähigkeiten im Wesentlichen immer noch konzentrieren, dem Regelungsbedarf der funktional differenzierten Weltgesellschaft nicht gewachsen sind, ergeben sich einleuchtende Desiderate einerseits für die globale und andererseits für die transnationale Ebene.[124]

Die Vereinten Nationen sollten als eine politisch verfasste Gemeinschaft von Staaten *und* Bürgern reorganisiert und gleichzeitig auf die Kernfunktionen der Friedenssicherung und der globalen Durchsetzung der Menschenrechte beschränkt werden. Mit einer entsprechenden Reform des Sicherheitsrates und der Gerichtshöfe müssten sie zu einer effektiven und gleichmäßigen Wahrnehmung dieser beiden Aufgaben institutionell instand gesetzt werden. Noch schwieriger ist ein weiteres Desiderat zu befriedigen, nämlich der Aufbau eines in die Weltgemeinschaft normativ eingebundenen Verhandlungssystems für die drängenden Probleme einer künftigen Weltinnenpolitik (Ökologie und Klimawandel, weltweite Risiken der Großtechnologie, Regulierung des finanzmarktgetriebenen Kapitalismus, vor allem die Verteilungsprobleme, die in den Handels-, Arbeits-, Gesundheits- und Verkehrsregimes einer hoch stratifizierten Weltgesellschaft auftreten). Für eine solche Institution fehlen einstweilen nicht nur der politische Wille, sondern auch die global handlungsfähigen Akteure, die sich aufgrund eines legitimen Mandats und ihrer Fähigkeit, Abmachungen weiträumig zu implementieren, als Mitglieder für eine solche repräsentativ zusammengesetzte (in Vorformen wie der G20 kaum erkennbare) Institution eignen würden.

Das historisch beispiellose Gebilde der EU würde sich in die Umrisse einer politisch verfassten Weltgesellschaft, die ich

---

123 Michael Zürn, »Global governance as multi-level governance«, in: Henrik Enderlein/Sonja Wälti/Michael Zürn (Hg.), *Handbook on Multi-Level Governance*, Cheltenham: Edward Elgar 2010, S. 80-99.

124 Jürgen Habermas, »Konstitutionalisierung des Völkerrechts und die Legitimationsprobleme einer verfaßten Weltgesellschaft«, in: ders., *Philosophische Texte*, Bd. 4, *Politische Theorie*, a. a. O. (2008), S. 402-424.

mit wenigen Stichworten skizzieren werde, nahtlos einfügen. Ja, diese politische Weltordnung ließe sich ihrerseits als eine Fortsetzung der demokratischen Verrechtlichung des substanziellen Kerns staatlicher Gewalt begreifen. *Denn auf der globalen Stufe würde sich die Konstellation der drei Grundbausteine von demokratischen Gemeinwesen noch einmal ändern.*[125]

(1) Das Ziel einer demokratischen Verfassung der Weltgesellschaft verlangt – schon aus den begrifflichen Gründen des Aufbaus moderner Rechtsordnungen aus subjektiven Rechten – die Konstituierung einer *Weltbürger*gemeinschaft. Die am Beispiel der Europäischen Union entwickelte Denkfigur einer *verfassungsgebenden Kooperation zwischen Bürgern und Staaten* zeigt den Weg, auf dem die bestehende internationale *Staaten*gemeinschaft um die Gemeinschaft der Weltbürger zu einer *kosmopolitischen* Gemeinschaft vervollständigt werden könnte.[126] Diese würde sich jedoch nicht als Weltrepublik, sondern als eine überstaatliche Assoziation von Bürgern und Staatsvölkern in der Weise konstituieren, dass die Mitgliedstaaten wiederum die Verfügung – wenn auch nicht das Recht zur freien Verfügung – über die Mittel legitimer Gewaltanwendung behalten. Die Nationalstaaten würden neben den Weltbürgern das zweite verfassungsgebende Subjekt der Weltgemeinschaft bilden. Denn die kosmopolitischen Bürger haben bzw. hätten wiederum gute Gründe dafür, an einer konstitutiven Rolle ihrer Staaten auf allen supranationalen Ebenen festzuhalten. So-

125 Im Anschluss an Hans Kelsens unitarisches Völkerrechtskonzept gehe ich von einer – in sich natürlich komplexen – Einheit einer globalen Rechtsordnung aus. Demnach bedeutet »Souveränität« eine dem Staat von der internationalen Gemeinschaft übertragene und pflichtgemäß auszuübende Kompetenz: Der Staat gewährleistet auf seinem Territorium die Menschenrechte. So wird der Begriff Souveränität auch in der Millenniumserklärung der UN-Generalversammlung verwendet.

126 Daniele Archibugi/David Held (Hg.), *Cosmopolitan Democracy. An Agenda for a New World Order,* Cambridge: Polity Press 1995; Daniele Archibugi, *The Global Commonwealth of Citizens. Toward Cosmopolitan Democracy,* Princeton/Oxford: Princeton UP 2008; Garrett Wallace Brown/David Held (Hg.), *The Cosmopolitan Reader,* Cambridge: Polity 2010.

weit die Bürger in diesen historischen Gestalten ein Stück institutionell geronnener politischer Gerechtigkeit schon realisiert haben, können sie den begründeten Wunsch hegen, dass ihre nationalen Staaten auf den jeweils höheren Organisationsstufen als kollektive Entitäten erhalten bleiben.

Die Zusammensetzung einer Generalversammlung aus Repräsentanten der Bürger und der Staaten würde sicherstellen, dass die konkurrierenden Gerechtigkeitsperspektiven von Weltbürgern auf der einen, Staatsbürgern auf der anderen Seite eine Berücksichtigung finden und zum Ausgleich gebracht werden. Den egalitären, auf Gleichberechtigung und Gleichverteilung insistierenden Gründen der *Weltbürger* stehen heute schon die vergleichsweise konservativen Gründe von *Staatsbürgern* gegenüber, die auf die Erhaltung ihrer staatlich bereits realisierten Freiheiten pochen (und sich gegen die Zerstörung der exemplarischen *Muster* sozialstaatlicher Teilhabe richten; das würde erforderlichenfalls eine partielle Senkung eigener Wohlfahrtsniveaus nicht ausschließen). Die Konkurrenz dieser beiden Perspektiven bezieht ihre Berechtigung aus einem historischen Entwicklungsgefälle, von dem die Weltinnenpolitik, auch wenn es sukzessive überwunden werden soll, nicht einfach abstrahieren darf. Das Weltparlament würde diese doppelte Perspektive vor allem in seiner Rolle als der rechtsfortbildende Interpret der UN-Charta berücksichtigen müssen.

Neben ihren Kompetenzen innerhalb des Organisationsgefüges der Vereinten Nationen (vor allem bei der Einsetzung und Kontrolle des Sicherheitsrats und der globalen Gerichte)[127] hätte eine erneuerte Generalversammlung die Aufgabe, in Fortentwicklung der Charta, der Menschenrechtspakte und des Völkerrechts *verbindliche* Mindeststandards zu entwickeln, welche

– die gesetzliche Grundlage für die Menschenrechtspolitik

---

127 Armin von Bogdandy/Ingo Venzke, »In whose name? An investigation of international courts' public authority and its democratic justification«, online verfügbar unter: ⟨http://papers.ssrn.com/sol3/papers.cfm?abstract_id=1593543⟩ (Stand September 2011).

und Friedenssicherung des Sicherheitsrats und der globalen Rechtsprechung bilden;

– die Nationalstaaten bei der Konkretisierung der zu gewährleistenden Grundrechte ihrer Bürger binden; und

– auf transnationaler Ebene der robusten Machtkonkurrenz bei weltinnenpolitischen Entscheidungen normative Beschränkungen auferlegen.

Der organisatorische Kern, also die zweite Komponente der Weltorganisation, würde gleichzeitig schrumpfen und effektiver arbeiten, wenn sich die Vereinten Nationen auf ihr Kerngeschäft, die globale Durchsetzung des Gewaltverbots und der Menschenrechte, konzentrierten. Die Weltorganisation würde so gegliedert und aufgebaut sein, dass sie ihre beschränkten, aber elementaren Ordnungsfunktionen erfüllen könnte, und zwar

– die defensive Sicherung des internationalen Friedens im Sinne einer globalen, gleichmäßigen und effektiven Durchsetzung des Gewaltverbots;

– die konstruktive Sicherung der internen Ordnung zerfallender Staaten und

– die weltweite Kontrolle der staatlichen Durchsetzung der Menschenrechte sowie den aktiven Schutz der Bevölkerungen vor kriminellen Regierungen, wobei

– humanitäre Interventionen die Verpflichtung zum nachhaltigen Aufbau funktionsfähiger Infrastrukturen einschließen.

Wenn UN-Beschlüsse in der Form legaler Interventionen ausgeführt werden sollen, muss auch das humanitäre Völkerrecht zu einem rechtsstaatlichen, an militärische Notwendigkeiten angepassten *Polizeirecht* fortentwickelt werden.

Da die Weltgemeinschaft selbst keinen staatlichen Charakter annehmen soll, ist sie darauf angewiesen, dass sich die staatlichen Gewaltmonopolisten den – von Gerichten kontrollierten – Sicherheitsratsbeschlüssen unterordnen. Dass Staaten (bzw. regionale Verteidigungsbündnisse) ihr Potenzial in den Dienst der Weltorganisation stellen, ist Ausdruck jener Verschiebung im Verhältnis von staatlicher Sanktionsgewalt und Recht, die sich auf UN-Ebene angebahnt hat und in der Europäischen Union bereits vollzogen worden ist. Mit dem Bewusstseinswandel von Mitgliedstaaten, die beginnen, sich nicht länger als souveräne Mächte, sondern als solidarische *Mitglieder* der internationalen Gemeinschaft zu verstehen, würde sich die Zivilisierung der Ausübung politischer Herrschaft auf höherer Stufe fortsetzen.

Eine demokratische Verrechtlichung der Politik der Vereinten Nationen verlangt freilich weiterhin die unwahrscheinliche Rückkoppelung des Weltparlamentes an die Meinungs- und Willensbildung der periodisch zur Wahl aufgerufenen Weltbürger. Empirische Gründe sprechen jedoch gegen die Erwartung der globalen Erweiterung einer nochmals verflüssigten Bürgersolidarität.[128] Beispielsweise entzündet sich die Aufmerksamkeit der Weltöffentlichkeit – trotz der Impulse weltweit agierender Nichtregierungsorganisationen – immer nur punktuell an diesem oder jenem Großereignis, ohne sich strukturell zu verstetigen. Die Skepsis bezieht sich freilich nicht nur auf die begrenzte Leistungsfähigkeit jener tatsächlich emergierenden Weltöffentlichkeit, auf die schon Kant seine kosmopolitischen Hoffnungen gesetzt hatte. An dieser Stelle meldet sich *auch* der kommunitaristische Zweifel an der möglichen Transnationalisierung der Volkssouveränität zurück, und im Hinblick auf die globale Ebene nicht ganz zu Unrecht. Hier ist nämlich eine Verbindung der Weltbürger über Kommunikationskreisläufe der Weltöffentlichkeit *nicht mehr in den Kontext einer gemeinsamen politischen Kultur* eingebettet. Die transnationale Erweiterung der Bürgersolidarität, auf die wir im Falle einer *territorial begrenzten* und durch gemeinsame geschichtliche Erfah-

---

128 Patrizia Nanz/Jens Steffek, »Zivilgesellschaftliche Partizipation und die Demokratisierung internationalen Regierens«, in: Peter Niesen/Benjamin Herborth, *Anarchie der kommunikativen Freiheit*, a. a. O., S. 87-110. Ein etwas ermutigenderes Bild ergibt sich aus der Sekundäranalyse von Michael Zürn, »Vier Modelle einer globalen Ordnung in kosmopolitischer Absicht«, in: *Politische Vierteljahresschrift* 1/2011, S. 78-118, hier insbesondere S. 100 ff.

rungen geprägten Union von Bürgern und Staaten noch rechnen dürfen, läuft, wenn sie ein weltweites Format annehmen soll, gewissermaßen ins Leere.

Mit der Bezugnahme auf eine intersubjektiv geteilte politische Kultur kann sich jedes politische Gemeinwesen, und sei es noch so groß und pluralistisch, von seinen Umwelten unterscheiden. Daher sind demokratische Wahlen das Ergebnis einer gemeinsam praktizierten Meinungs- und Willensbildung, der normalerweise die Selbstreferenz auf das »Wir« einer partikularen, *weil begrenzten* Gemeinschaft eingeschrieben ist. Die Wahl zu einem Weltparlament wäre der einzige *vollständig inklusive* Vorgang dieser Art, bei dem eine bestimmte Sorte von Themen fehlen müsste – die der *Selbstabgrenzung und der Selbstbehauptung.* In politischen Wahlkämpfen verschränken sich Fragen, die ein gemeinsames Ethos berühren – zum Beispiel das Sicherheitsniveau der Kernkraftwerke oder das Anspruchsniveau, welches ein Bildungs-, ein Gesundheits- oder ein Verkehrssystem befriedigen sollen –, immer auch mit einem Moment der Selbstbehauptung. Nun wird auch die Gesamtheit der heute lebenden Generationen einer über den Erdball verstreuten Menschheit sehr wohl abstrakte Interessen an überlebenswichtigen Grundgütern (zum Beispiel an der Schonung ökologischer Gleichgewichte und natürlicher Ressourcen oder an der Vermeidung flächendeckender atomarer Verseuchung) teilen. Aber die Weltbürger bilden kein Kollektiv, das durch das politische Interesse an der *Selbstbehauptung* einer identitätsprägenden Lebensform zusammengehalten würde. Deshalb würden solche abstrakten Überlebensinteressen nur dann einen *politischen Charakter* gewinnen, wenn sie ihre Abstraktheit verlieren und im Kontext einer bestimmten Lebensform mit anderen Interessen anderer Lebensformen in Konkurrenz träten.

Aber gilt das auch für die beiden Interessen, für deren Schutz die kosmopolitische Gemeinschaft die Verantwortung trägt? Liegt der Fall nicht anders beim Interesse an der Vermeidung von Krieg und Gewalt und an der Implementierung von Grundrechten? Handelt es sich dabei nicht um *a fortiori* »allgemeine« Interessen, die so weit »entpolitisiert« sind, dass sie von der Weltbevölkerung über alle politisch-kulturellen Unterschiede hinaus »geteilt« – und, im Falle ihrer Verletzung, ausschließlich unter dem *moralischen Gesichtspunkt* beurteilt werden? Wir alle sind von Haus aus mit alltäglichen Situationen vertraut, in denen wir uns – ohne jede Konnotation von Selbstbehauptung – zur Solidarität mit Fremden, mit allem, was Menschenantlitz trägt, verpflichtet fühlen. Nur dieses moralische Universum aller verantwortlich handelnden Personen, Kants »Reich der Zwecke«, ist vollständig inklusiv: Es schließt niemanden aus. Das Unrecht, das an einer *beliebigen* Person begangenen wird, die Verletzung, die *irgendeiner* Person zugefügt wird, reizt unsere moralische Empfindlichkeit, stachelt uns zu moralischer Empörung oder Hilfeleistung an. Aus diesen Gefühlen speisen sich moralische Urteile, die, wenn nur die gegenseitige Perspektivenübernahme zu einer hinreichend dezentrierten Wahrnehmung des Konflikts und zur gleichmäßigen Berücksichtigung aller jeweils berührten Interessen führt, vernünftig begründet werden können.

Andererseits reden wir im Hinblick auf die Aufgaben der Vereinten Nationen nicht schlicht von Moral, sondern von Recht und Politik. Recht muss überall dort einspringen, wo eine moralische Arbeitsteilung nötig wird, weil individuelle Urteile und Motivationen nicht ausreichen.[129] Interessanterweise kommen aber gerade in den Politikbereichen, auf die sich die Vereinten Nationen beschränken sollen, also mit dem Gewaltverbot und den Menschenrechten, Rechtsnormen einer besonderen Art zur Anwendung – nämlich solche, für deren Begründung *moralische Gründe ausreichen*. Ungeachtet ihrer Rechtsform haben diese vorrangigen subjektiven Rechte einen ausschließlich moralischen Gehalt, weil die Menschenrechte genau den Teil der universalistischen Moral umschreiben, der ins Medium des zwingenden Rechts übersetzt werden

---

129 Jürgen Habermas, *Faktizität und Geltung*, Frankfurt am Main: Suhrkamp 1992, S. 135 ff.

kann.[130] So erklärt sich die *eher juristische als politische Natur* der Entscheidungen, die im Rahmen der nach unseren Vorstellungen reformierten Vereinten Nationen anfallen würden. Das Weltparlament würde Debatten über Hintergrundbedingungen globaler Gerechtigkeit führen, und der Sicherheitsrat träfe folgenreiche, aber weitgehend justiziable, von Gerichten kontrollierbare Entscheidungen.

Die Einschränkung auf Materien rechtlicher und grundsätzlich moralischer Natur hat glücklicherweise eine Deflationierung der Ansprüche an die Legitimation der Weltorganisation zur Folge. Denn die einschlägigen Prinzipien der Verteilungsgerechtigkeit sowie die negativen Pflichten zur Unterlassung justiziabler Menschheitsverbrechen und Angriffskriege sind im moralischen Kernbestand aller großen Weltreligionen und der von ihnen geprägten Kulturen verankert. Diese intuitiv gewussten Normen erlauben es jedem Weltbürger, ein moralisch informiertes Urteil über die Arbeit der Organe der Weltorganisation zu fällen, weil diese ihre Entscheidungen an entsprechenden, allerdings in juristischer Feinarbeit präzisierten Maßstäben rechtfertigen müssen. In Ansehung eines derart *ermäßigten Legitimationsbedarfs* braucht von den Weltbürgern keine kollektive Willensbildung im eigentlich politischen Sinne erwartet zu werden. Die Wahlen zum Weltparlament würden nur das wesentlich moralisch begründete »Ja« oder »Nein« zur supranationalen Anwendung *präsumtiv geteilter* moralischer Grundsätze und Normen zum Ausdruck bringen.

Zusammenfassend lässt sich dann für die globale Ebene, auf der die Weltorganisation tätig wird, festhalten: Die Legitimationskette könnte ununterbrochen von den Nationalstaaten über regionale Regimes wie die Europäische Union bis zur Ebene der Weltorganisation reichen, wenn wir annehmen dürften,

– dass die *internationale* Gemeinschaft über eine auf Wahlen beruhende Repräsentation der *Weltbürger* zu einer *kosmopolitischen* Gemeinschaft *erweitert* wird;

130 Vgl. dazu meinen Aufsatz »Das Konzept der Menschenwürde und die realistische Utopie der Menschenrechte« in diesem Band (S. 13-38, S. 17).

– dass sich die Kompetenzen der Vereinten Nationen auf die zentralen ordnungssichernden Aufgaben moralischen Gehalts und wesentlich rechtlicher Natur *beschränken*; und

– dass der globale, unter anderem digital hergestellte, über poröse nationale Öffentlichkeiten hinausgehende Kommunikationszusammenhang ausreicht, um allen Bevölkerungen die Ausbildung eines begründeten Urteils über den moralischen Kerngehalt der auf UN-Ebene getroffenen Entscheidungen zu ermöglichen.

(2) Allein, der beschriebene Legitimationsstrang bezieht sich nur auf die *sicherheitsrelevanten* Aufgaben der Weltorganisation. Die Entlastung der Vereinten Nationen von den im engeren Sinne politischen, insbesondere den *verteilungsrelevanten* Fragen der Weltinnenpolitik hat eine Kehrseite.[131] In unserem Design widersetzen sich die Kompromisse, die global handlungsfähige Akteure (nämlich die »geborenen« und die durch supranationalen Zusammenschluss konstruktiv aufgebauten, idealerweise für die Weltgesellschaft lückenlos repräsentativen »Weltmächte«) auf *der transnationalen Ebene* aushandeln sollen, einer demokratischen Verrechtlichung im Stile der Europäischen Union, solange das entsprechende Verhandlungssystem allein auf völkerrechtlichen Verträgen beruht. Nach klassischem Völkerrecht besitzen die Regierungen in außenpolitischen Fragen die Prärogative für den Abschluss internationaler Verträge, welche der demokratischen Mitwirkung und Legitimation in viel geringerem Maße unterliegen als die parlamentarisch kontrollierte Innenpolitik.[132] Diese schwache, bestenfalls indirekte Legitimation kennzeichnet auf den ersten Blick auch die transnational auszuhandelnde Weltinnenpolitik. Wenn aber die Kette der demokratischen Legitimation an dieser Stelle abbräche, könnte das vorgeschlagene Design seinen Anspruch auf die Einheit einer globalen, die Schwelle zwischen

---

131 Ich lasse hier den wichtigen Bereich der internationalen Organisationen außer Betracht, die die staatlichen Aktivitäten in »technischen«, d. h. verteilungspolitisch unwesentlichen Fragen koordinieren.

132 Vgl. Christoph Möllers, *Die drei Gewalten*, a. a. O., S. 155 ff.

Völker- und Staatsrecht nivellierenden Gesamtrechtsordnung nicht einlösen.

Im Vergleich mit einer voll ausgebildeten Europäischen Union ergibt sich die Legitimationsschwäche daraus, dass die Weltinnenpolitik ohne eine direkte Beteiligung des Weltparlaments den Verhandlungen zwischen *global players* überlassen bleiben und nicht – in Analogie zum »ordentlichen *Gesetzgebungsverfahren*« – *von Staaten und parlamentarisch vertretenen Weltbürgern zugleich* wahrgenommen werden soll. Auch in unserem Modell würden jedoch die transnationalen Beziehungen zwischen den *global players*, denen die Weltinnenpolitik anvertraut werden soll, keineswegs nach Art des traditionellen Völkerrechts intakt bleiben. Denn der Witz des vorgeschlagenen Designs besteht ja darin, dass sich der politische Prozess jenseits der Staaten und der Staatenunionen auf *zwei verschiedene Politikfelder* verteilen und *in entsprechende Legitimationszüge verzweigen* soll. Demnach fallen die Aufgaben der globalen Sicherheits- und Menschenrechtspolitik in die Kompetenz einer Weltorganisation, die so zusammengesetzt ist, dass der in ihren Politikbereichen verringerte Legitimationsbedarf *grosso modo* befriedigt werden könnte. Aus diesem hierarchisch aufgebauten Kompetenzgefüge fallen die verteilungsrelevanten Aufgaben der Weltinnenpolitik heraus; sie werden in ein transnationales Verhandlungssystem abgezweigt, dessen Entscheidungen zwar schwächer legitimiert wären, damit aber keineswegs *ausschließlich* dem Spiel der internationalen Machtdynamik überlassen würden.

Denn auch dieser gewissermaßen in die Horizontale abgeknickte politische Prozess soll *in den Kontext der verfassten Weltgesellschaft eingebettet* bleiben, und zwar nicht nur, weil die Weltorganisation die faktische Machtbalance – und die angemessene Repräsentation eines jeden Staates – im transnationalen Verhandlungsgremium beaufsichtigen würde. Wichtiger sind zwei weitere Gründe. Erstens würden die transnationalen Verhandlungen von *denselben* Akteuren getragen, die auf der globalen Ebene ihre Streitkräfte für die von ihnen kooperativ mitgestaltete Friedens- und Menschenrechtspolitik zur Verfügung halten und sich insofern auch als Mitglieder der kosmopolitischen Gemeinschaft verstehen müssten. Umso eher würden sich deshalb zweitens die transnationalen Verhandlungen innerhalb des Korridors jener Mindeststandards bewegen, die das Weltparlament im Hinblick auf das von den Menschenrechten vorgezeichnete Niveau der Schutzpflichten laufend anpasst.

Diese Argumente genügen allerdings nicht, um die Lücke der parlamentarischen Verantwortlichkeit in der Kette der demokratischen Verrechtlichung einer künftigen Weltinnenpolitik *ganz* zu schließen. Aber die Lücke selbst erklärt sich aus der historischen Tatsache, dass die anspruchsvolle Bedingung »einheitlicher Lebensverhältnisse« quer über den Globus einstweilen nicht erfüllt werden kann. Dieser Umstand ist politisch und nicht ausschließlich moralisch zu bewerten, sobald die Weltorganisation die zeitliche Dimension einbezieht und die Weltinnenpolitik *auf die mittelfristige Herstellung* einer sozial gerechteren Weltordnung verpflichtet. Jedes moralische Empfinden sträubt sich gegen die monströse Ungerechtigkeit einer hoch stratifizierten Weltgesellschaft, in der heute selbst elementare Lebensgüter und Lebenschancen auf unerträgliche Weise ungleich verteilt sind.[133] Doch ein noch so weit vorausgreifendes Design für eine auf die Zivilisierung der Ausübung politischer Herrschaft abzielende Weltordnung muss berücksichtigen, dass die historische Ungleichzeitigkeit der regionalen Entwicklungen und das entsprechende sozioökonomische Gefälle zwischen den *multiple modernities* nicht *von heute auf morgen* beseitigt werden kann.

Heute beobachten wir eine ökonomische Verschiebung der weltpolitischen Gewichte, die inmitten der Finanzkrise des Jahres 2008 zur Erweiterung des Clubs der führenden Industrienationen zur Runde der G20 genötigt hat. Mit diesem überfälligen Schritt sollten sich unter dem anhaltend destruktiven

133 David Held/Ayse Kaya (Hg.), *Global Inequality. Patterns and Explanations*, Cambridge: Polity Press 2007.

Druck der Finanzmärkte endlich Anstrengungen für den Aufbau von Institutionen und für die Einrichtung von Verfahren verbinden, mit denen die so oder so unausweichlichen Probleme einer künftigen Weltinnenpolitik ein bearbeitbares Format annehmen. Es fehlt nicht an den moralischen Standards, in deren Licht wir heute die herrschenden ökonomischen und gesellschaftlichen Strukturen beurteilen sowie die bestehenden Institutionen und eingespielten Praktiken mit Forderungen nach mehr »globaler Gerechtigkeit« konfrontieren können.[134] Eine folgenlose philosophische Gerechtigkeitsdiskussion würde aber erst dann politische Relevanz gewinnen, wenn sie nicht länger nur *in academia*, sondern innerhalb eines Weltparlaments geführt werden könnte, das aufgrund seiner Zusammensetzung aus Staaten und Bürgern *dem gerechtigkeitsrelevanten Zeitfaktor Rechnung tragen würde*. Wie heute schon in der EU würden sich dann in der Weltgemeinschaft (wenn auch in anderen Zeithorizonten) die Gerechtigkeitsperspektiven der beiden verfassungsgebenden Subjekte – die egalitären Maßstäbe der Weltbürger und die konservativen, einstweilen nach Entwicklungsstand differenzierten Maßstäbe der Mitgliedstaaten – im Zuge der politisch gewollten faktischen Angleichung der Lebensverhältnisse einander annähern.

---

134 Thomas Pogge (Hg.), *Global Justice*, Oxford: Blackwell 2001; Amartya Sen, *Die Idee der Gerechtigkeit*, München: C. H. Beck 2010.

Anhang: Das Europa der Bundesrepublik

Das Interview mit Thomas Assheuer (I.) fand nach der Pleite von Lehman Brothers und wenige Tage vor der erwarteten, von großen Hoffnungen begleiteten Wahl Barack Obamas zum Präsidenten der Vereinigten Staaten statt. Darin werden bereits Motive angeschlagen, die ich nun in meinem Essay zur Verfassung Europas aufgenommen und ausgeführt habe. Als damals die Finanzkrise ausbrach, haben sich Angela Merkel und Peer Steinbrück bei dem entscheidenden Treffen in Paris der Forderung von Nicolas Sarkozy und Jean-Claude Juncker nach einem gemeinsamen europäischen Vorgehen der EWU-Länder widersetzt. Hier zeichnete sich das Reaktionsmuster des nationalen Alleingangs schon deutlich ab.

Den darauf folgenden *Zeit*-Aufsatz (II.) habe ich in Reaktion auf jene historische Nachtsitzung vom 7. zum 8. Mai 2010 geschrieben, in der Angela Merkel von der Gewalt der Finanzmärkte eingeholt wurde. Sie hatte die Proportionen zwischen der unausweichlichen Hilfe für das überschuldete Griechenland und der opportunistischen Rücksichtnahme auf das innenpolitische Klein-Klein (der ohnehin verlorenen Landtagswahl in Nordrhein-Westfalen) verkannt und musste sich nach langen Wochen des Zögerns den immer kostspieligeren Imperativen des Marktes kleinlaut unterwerfen. Damals ist mir zum ersten Mal die reale Möglichkeit eines Scheiterns des europäischen Projektes zu Bewusstsein gekommen.

Schließlich war die zufällige Koinzidenz des Beschlusses über einen »Pakt für Europa« in Brüssel und der Abwahl der schwarz-gelben Landesregierung in Baden-Württemberg der Anlass für eine in der *Süddeutschen Zeitung* veröffentlichte Intervention (III.). Ich habe darin die graue Herrschaft des Europäischen Rates hinter verschlossenen Türen mit dem demokratischen Erfolg einer lärmend-breitenwirksamen sozialen

Bewegung konfrontiert. Denn hinter der spektakulären Wende der Bundesregierung in der Atompolitik ist damals die schwerwiegende Bedeutung einer lautlos vollzogenen Wende in der Europapolitik nicht wahrgenommen worden. Die Bundesregierung hatte sich vom wirtschaftspolitischen Glauben an die untrügliche Wirkung selbsttätiger »Mechanismen« verabschiedet und den Kurswechsel zum politisierten Intergouvernementalismus der im Hintergrund wirkenden Chefs des Euro-Clubs eingeleitet.

I. Nach dem Bankrott. Ein Interview

DIE ZEIT: Herr Habermas, das internationale Finanzsystem ist kollabiert, es droht eine Weltwirtschaftskrise. Was beunruhigt Sie am meisten?

JÜRGEN HABERMAS: Was mich am meisten beunruhigt, ist die himmelschreiende soziale Ungerechtigkeit, die darin besteht, dass die sozialisierten Kosten des Systemversagens die verletzbarsten sozialen Gruppen am härtesten treffen. Nun wird die Masse derer, die ohnehin nicht zu den Globalisierungsgewinnern gehören, für die realwirtschaftlichen Folgen einer vorhersehbaren Funktionsstörung des Finanzsystems noch einmal zur Kasse gebeten. Und dies nicht wie die Aktienbesitzer in Geldwerten, sondern in der harten Währung ihrer alltäglichen Existenz. Auch im globalen Maßstab vollzieht sich dieses strafende Schicksal an den ökonomisch schwächsten Ländern. Das ist der politische Skandal. Jetzt mit dem Finger auf Sündenböcke zu zeigen, halte ich allerdings für Heuchelei. Auch die Spekulanten haben sich im Rahmen der Gesetze konsequent nach der gesellschaftlich anerkannten Logik der Gewinnmaximierung verhalten. Die Politik macht sich lächerlich, wenn sie moralisiert, statt sich auf das Zwangsrecht des demokratischen Gesetzgebers zu stützen. Sie und nicht der Kapitalismus ist für die Gemeinwohlorientierung zuständig.

ZEIT: Sie haben gerade Vorlesungen an der Universität Yale gehalten. Was waren für Sie die eindrücklichsten Bilder dieser Krise?

HABERMAS: Über die Bildschirme flimmerte die hoppersche Melancholie der Endlosschleife langer Reihen verlassener Häuschen in Florida und anderswo – mit dem Schild »Foreclosure« im Vorgarten. Anschließend die Busse mit den neugierigen Kaufinteressenten aus Europa und den Reichen aus Lateinamerika, und dann der Makler, der ihnen im Schlafzimmer die aus Wut und Verzweiflung zerstörten Wandschränke zeigt. Nach meiner Rückkehr hat mich überrascht, wie sehr sich die aufgeregte Stimmung in den USA vom gleichmütigen *business as usu-*

al hierzulande unterscheidet. Dort verbanden sich die höchst realen wirtschaftlichen Ängste mit der heißen Endphase eines der folgenreichsten Wahlkämpfe. Die Krise hat auch den breiten Wählerschichten ihre persönliche Interessenlage schärfer zu Bewusstsein gebracht. Sie nötigte die Leute nicht notwendig zu vernünftigeren, aber zu rationaleren Entscheidungen – jedenfalls im Vergleich zur letzten, durch Nine-Eleven ideologisch aufgeputschten Präsidentschaftswahl. Diesem zufälligen Zusammentreffen wird Amerika, wie ich unmittelbar vor der Wahl anzunehmen wage, den ersten schwarzen Präsidenten verdanken – und damit einen tiefen historischen Einschnitt in der Geschichte seiner politischen Kultur. Darüber hinaus könnte aber die Krise auch in Europa einen Wechsel der politischen Großwetterlage ankündigen.

ZEIT: Was meinen Sie damit?

HABERMAS: Solche Gezeitenwechsel verändern die Parameter der öffentlichen Diskussion; damit verschiebt sich das Spektrum der für möglich gehaltenen politischen Alternativen. Mit dem Koreakrieg ging die Periode des New Deal zu Ende, mit Reagan und Thatcher und dem Abflauen des Kalten Krieges die Zeit der sozialstaatlichen Programme. Und heute ist mit dem Ende der Bush-Ära und dem Zerplatzen der letzten neoliberalen Sprechblasen auch die Programmatik von Clinton und New Labour ausgelaufen. Was kommt jetzt? Ich hoffe, dass die neoliberale Agenda nicht mehr für bare Münze genommen, sondern zur Disposition gestellt wird. Das ganze Programm einer hemmungslosen Unterwerfung der Lebenswelt unter Imperative des Marktes muss auf den Prüfstand.

ZEIT: Für Neoliberale ist der Staat nur ein Mitspieler auf dem ökonomischen Feld. Er soll sich klein machen. Ist dieses Denken nun diskreditiert?

HABERMAS: Das hängt vom Verlauf der Krise ab, von der Wahrnehmungsfähigkeit der politischen Parteien, von den öffentlichen Themen. In der Bundesrepublik herrscht ja noch eine eigentümliche Windstille. Blamiert hat sich die Agenda, die Anlegerinteressen eine rücksichtslose Dominanz einräumt, die ungerührt wachsende soziale Ungleichheit, das Entstehen eines Prekariats, Kinderarmut, Niedriglöhne und so weiter in Kauf nimmt, die mit ihrem Privatisierungswahn Kernfunktionen des Staates aushöhlt, die die deliberativen Reste der politischen Öffentlichkeit an renditesteigernde Finanzinvestoren verscherbelt, Kultur und Bildung von den Interessen und Launen konjunkturempfindlicher Sponsoren abhängig macht.

ZEIT: Und nun, in der Finanzkrise, werden die Folgen des Privatisierungswahns sichtbar?

HABERMAS: In den USA verschärft die Krise die schon jetzt sichtbaren materiellen und moralischen, sozialen und kulturellen Schäden einer von Bush auf die Spitze getriebenen Politik der Entstaatlichung. Die Privatisierung der Alters- und Gesundheitsvorsorge, des öffentlichen Verkehrs, der Energieversorgung, des Strafvollzuges, militärischer Sicherungsaufgaben, weiter Bereiche der Schul- und Universitätsausbildung und das Ausliefern der kulturellen Infrastruktur von Städten und Gemeinden an das Engagement und die Großherzigkeit privater Stifter gehören zu einem Gesellschaftsdesign, das in seinen Risiken und Auswirkungen mit den egalitären Grundsätzen eines sozialen und demokratischen Rechtsstaates schlecht zusammenpasst.

ZEIT: Staatliche Bürokratien können einfach nicht rentabel wirtschaften.

HABERMAS: Aber es gibt verletzbare Lebensbereiche, die wir den Risiken der Börsenspekulation nicht aussetzen dürfen; dem widerspricht die Umstellung der Altersversorgung auf Aktien. Im demokratischen Verfassungsstaat gibt es auch öffentliche Güter wie die unverzerrte politische Kommunikation, die nicht auf die Renditeerwartungen von Finanzinvestoren zugeschnitten werden dürfen. Das Informationsbedürfnis von Staatsbürgern kann nicht von der konsumreifen Häppchenkultur eines flächendeckenden Privatfernsehens befriedigt werden.

ZEIT: Haben wir es, um ein kontrovers diskutiertes Buch von Ihnen zu zitieren, mit einer »Legitimationskrise des Kapitalismus« zu tun?

HABERMAS: Seit 1989/90 gibt es kein Ausbrechen mehr aus dem Universum des Kapitalismus; es kann nur um eine Zivilisierung und Zähmung der kapitalistischen Dynamik von innen gehen. Schon während der Nachkriegszeit war die Sowjetunion für die Masse der westeuropäischen Linken keine Alternative. Deswegen habe ich 1973 von Legitimationsproblemen »im« Kapitalismus gesprochen. Und die stehen wieder, je nach nationalem Kontext mehr oder weniger dringlich, auf der Tagesordnung. Ein Symptom sind die Forderungen nach Begrenzung der Managergehälter oder nach Abschaffung der *golden parachutes*, der unsäglichen Abfindungen und Bonuszahlungen.

ZEIT: Das ist doch Politik fürs Schaufenster. Im nächsten Jahr sind Wahlen.

HABERMAS: Stimmt, das ist natürlich symbolische Politik und eignet sich zum Ablenken vom Versagen der Politiker und ihrer wirtschaftswissenschaftlichen Berater. Die wussten seit Langem über den Regelungsbedarf der Finanzmärkte Bescheid. Ich habe mir gerade Helmut Schmidts glasklaren Artikel »Beaufsichtigt die neuen Großspekulanten!« vom Februar 2007 noch einmal durchgelesen (*Die Zeit* Nr. 6/2007). Alle wussten es. Aber in Amerika und Großbritannien haben die politischen Eliten die ungezügelte Spekulation, solange es eben gut ging, für nützlich gehalten. Und auf dem europäischen Kontinent hat man sich dem Washington-Konsens gebeugt. Auch hier gab es eine breite Koalition der Willigen, für die Herr Rumsfeld nicht zu werben brauchte.

ZEIT: Der Washington-Konsens war das berühmt-berüchtigte Wirtschaftskonzept von IWF und Weltbank aus dem Jahr 1990, mit dem zuerst Lateinamerika und dann die halbe Welt reformiert werden sollte. Seine zentrale Botschaft lautete: trickle down. Lasst die Reichen reicher werden, dann sickert der Wohlstand schon zu den Armen.

HABERMAS: Seit vielen Jahren häufen sich die empirischen Belege dafür, dass diese Prognose falsch ist. Die Effekte der Wohlstandssteigerung sind national und weltweit so asymmetrisch verteilt, dass sich die Armutszonen vor unser aller Augen ausgebreitet haben.

ZEIT: Um etwas Vergangenheitsbewältigung zu betreiben: Warum ist der Wohlstand so ungleich verteilt? Hat das Ende der kommunistischen Bedrohung den westlichen Kapitalismus enthemmt?

HABERMAS: Mit dem nationalstaatlich beherrschten, durch keynesianische Wirtschaftspolitiken eingehegten Kapitalismus, der ja den OECD-Ländern einen aus historischer Sicht unvergleichlichen Wohlstand beschert hat, war es schon früher am Ende – nach der Preisgabe des Systems der festen Wechselkurse und dem Ölschock. Die ökonomische Lehre der Chicago-Schule ist bereits unter Reagan und Thatcher zur praktischen Gewalt geworden. Das hat sich unter Clinton und New Labour – auch während der Ministerzeit unseres jüngsten Helden Gordon Brown – nur fortgesetzt. Allerdings hat der Zusammenbruch der Sowjetunion im Westen einen fatalen Triumphalismus ausgelöst. Das Gefühl, weltgeschichtlich Recht bekommen zu haben, übt eine verführerische Wirkung aus. In diesem Fall hat es eine wirtschaftspolitische Lehre zu einer Weltanschauung aufgebläht, die alle Lebensbereiche penetriert.

ZEIT: Der Neoliberalismus ist eine Lebensform. Alle Bürger sollen zu Unternehmern und zu Kunden werden …

HABERMAS: … und zu Konkurrenten. Der Stärkere, der sich in der freien Wildbahn der Konkurrenzgesellschaft durchsetzt, darf sich diesen Erfolg als persönliches Verdienst anrechnen lassen. Es ist von abgründiger Komik, wie Wirtschaftsmanager – und nicht nur die – dem Elitegeschwätz unserer Talkrunden auf den Leim gehen, sich allen Ernstes als Vorbilder feiern lassen und mental den Rest der Gesellschaft unter sich lassen. Als könnten sie nicht mehr unterscheiden zwischen funktionalen und ehrpusselig-ständegesellschaftlichen Eliten. Was, bitte, soll am Charakter von Leuten in Führungspositionen, die ihre Arbeit halbwegs ordentlich tun, exemplarisch sein? Ein weiteres Alarmzeichen war die Bush-Doktrin vom Herbst 2002, die die Irak-Invasion vorbereitet hat. Das sozialdarwinistische

Potenzial des Marktfundamentalismus hat sich seitdem nicht mehr nur in der Gesellschaftspolitik, sondern auch in der Außenpolitik entfaltet.

ZEIT: Aber es war ja nicht Bush allein. Ihm stand eine erstaunliche Schar einflussreicher Intellektueller zur Seite.

HABERMAS: Und viele haben nichts hinzugelernt. Bei Vordenkern wie Robert Kagan tritt nach dem Irakdesaster das Denken in Carl Schmitt'schen Wolfskategorien noch deutlicher hervor. Den regressiven Absturz der Weltpolitik in ein atomar bewaffnetes, hochbrisantes Machtgerangel kommentiert er heute mit den Worten: »Die Welt ist wieder normal geworden.«

ZEIT: Aber noch einmal zurück: Was wurde nach 1989 versäumt? Ist das Kapital schlicht zu mächtig geworden gegenüber der Politik?

HABERMAS: Mir ist im Laufe der neunziger Jahre klar geworden, dass die politischen Handlungskapazitäten den Märkten auf supranationaler Ebene nachwachsen müssen. Danach sah es ja auch in den frühen neunziger Jahren zunächst aus. George Bush der Ältere sprach programmatisch von einer Neuen Weltordnung und schien auch die lange Zeit blockierten – und verächtlich gemachten! – Vereinten Nationen in Anspruch nehmen zu wollen. Die vom Sicherheitsrat beschlossenen humanitären Interventionen stiegen zunächst sprunghaft an. Der politisch gewollten wirtschaftlichen Globalisierung hätten eine weltweite politische Koordination und die weitere Verrechtlichung der internationalen Beziehungen folgen sollen. Aber die ersten ambivalenten Ansätze sind schon unter Clinton stecken geblieben. Dieses Defizit bringt die gegenwärtige Krise wieder zu Bewusstsein. Seit den Anfängen der Moderne müssen Markt und Politik immer wieder so ausbalanciert werden, dass das Netz der solidarischen Beziehungen zwischen den Mitgliedern einer politischen Gemeinschaft nicht reißt. Eine Spannung zwischen Kapitalismus und Demokratie bleibt immer bestehen, weil Markt und Politik auf gegensätzlichen Prinzipien beruhen. Auch nach dem letzten Globalisierungsschub verlangt die Flut der in komplexer gewordenen Netzwerken freigesetzten dezentralisierten Wahlentscheidungen nach Regelungen, die es ohne eine entsprechende Erweiterung von politischen Verfahren der Interessenverallgemeinerung nicht geben kann.

ZEIT: Aber was heißt das? Sie halten an Kants Kosmopolitismus fest und nehmen die von Carl Friedrich von Weizsäcker ins Spiel gebrachte Idee einer Weltinnenpolitik auf. Mit Verlaub, das klingt ziemlich illusionär. Man muss sich doch nur den Zustand der Vereinten Nationen anschauen.

HABERMAS: Selbst eine gründliche Reform der Kerninstitutionen der Vereinten Nationen wäre nicht ausreichend. Gewiss, der Sicherheitsrat, das Sekretariat, die Gerichtshöfe, überhaupt die Kompetenzen und Verfahren dieser Institutionen müssten dringend für eine globale Durchsetzung des Gewaltverbots und der Menschenrechte fit gemacht werden – für sich genommen schon eine immense Aufgabe. Aber selbst wenn sich die UN-Charta zu einer Art Verfassung der internationalen Gemeinschaft entwickeln ließe, fehlte in diesem Rahmen immer noch ein Forum, auf dem sich die bewaffnete Machtpolitik der Weltmächte in institutionalisierte Verhandlungen über die regelungsbedürftigen Probleme der Weltwirtschaft, der Klima- und Umweltpolitik, der Verteilung umkämpfter Energieressourcen, knapper Trinkwasserbestände und so weiter verwandelt. Auf dieser transnationalen Ebene entstehen Verteilungsprobleme, die nicht in derselben Art wie Menschenrechtsverstöße oder Verletzungen der internationalen Sicherheit – letztlich als Straftatbestände – entschieden werden können, sondern politisch ausgehandelt werden müssen.

ZEIT: Dafür gibt es doch schon eine bewährte Einrichtung: die G8.

HABERMAS: Das ist ein exklusiver Club, in dem einige dieser Fragen unverbindlich besprochen werden. Zwischen den überspannten Erwartungen, die sich an diese Inszenierungen knüpfen, und dem dürftigen Ertrag der folgenlosen Medienspektakel besteht übrigens ein verräterisches Missverhältnis. Der illusionäre Erwartungsdruck zeigt, dass die Bevölkerungen die ungelösten Probleme einer künftigen Weltinnenpolitik sehr wohl wahrnehmen – und vielleicht stärker empfinden als ihre Regierungen.

ZEIT: Die Rede von »Weltinnenpolitik« klingt eher nach den Träumen eines Geistersehers.

HABERMAS: Noch gestern hätten es die meisten für unrealistisch gehalten, was heute passiert: Die europäischen und asiatischen Regierungen überbieten sich im Hinblick auf die fehlende Institutionalisierung der Finanzmärkte mit Regulierungsvorschlägen. Auch SPD und CDU machen Vorschläge zu Bilanzpflicht und Eigenkapitalbildung, zur persönlichen Haftung der Manager, zur Verbesserung der Transparenz, der Börsenaufsicht und so weiter. Von einer Börsenumsatzsteuer, die schon ein Stück globaler Steuerpolitik wäre, ist freilich nur gelegentlich die Rede. Die vollmundig angestrebte neue »Architektur des Finanzsystems« wird gegen Widerstände aus den USA ohnehin nicht einfach durchzusetzen sein. Aber ob sie angesichts der Komplexität dieser Märkte und der weltweiten Interdependenz der wichtigsten Funktionssysteme überhaupt genügen würde? Völkerrechtliche Verträge, an die die Parteien heute denken, können jederzeit aufgekündigt werden. Daraus entsteht noch kein wetterfestes Regime.

ZEIT: Selbst wenn dem Weltwährungsfonds neue Kompetenzen übertragen würden, wäre das noch keine Weltinnenpolitik.

HABERMAS: Ich will keine Voraussagen machen. Angesichts der Probleme können wir bestenfalls konstruktive Überlegungen anstellen. Die Nationalstaaten müssten sich zunehmend, und zwar im eigenen Interesse, als Mitglieder der internationalen Gemeinschaft verstehen. Das ist das dickste Brett, das in den nächsten Jahrzehnten zu bohren wäre. Wenn wir mit dem Blick auf diese Bühne von »Politik« reden, meinen wir oft noch das Handeln von Regierungen, die das Selbstverständnis von souverän entscheidenden kollektiven Akteuren geerbt haben. Doch dieses Selbstverständnis eines Leviathan, das sich seit dem 17. Jahrhundert zusammen mit dem europäischen Staatssystem entwickelt hat, ist schon heute nicht mehr ungebrochen. Was wir bis gestern »Politik« nannten, ändert täglich seinen Aggregatzustand.

ZEIT: Aber wie passt das zum Sozialdarwinismus, der sich, wie Sie sagen, seit Nine-Eleven in der Weltpolitik wieder breitmacht?

HABERMAS: Vielleicht sollte man einen Schritt zurücktreten und auf einen größeren Zusammenhang schauen. Seit dem späten 18. Jahrhundert haben Recht und Gesetz die politisch verfasste Regierungsgewalt durchdrungen und ihr im Binnenverkehr den substanziellen Charakter einer bloßen »Gewalt« abgestreift. Nach außen hat sie sich von dieser Substanz allerdings genug bewahrt – trotz des wuchernden Geflechts von internationalen Organisationen und der zunehmenden Bindungskraft des internationalen Rechts. Dennoch ist der nationalstaatlich geprägte Begriff des »Politischen« im Fluss. Innerhalb der Europäischen Union haben beispielsweise die Mitgliedstaaten nach wie vor das Gewaltmonopol inne und setzen gleichwohl das Recht, das auf supranationaler Ebene beschlossen wird, mehr oder weniger klaglos um. Dieser Formwandel von Recht und Politik hängt auch mit einer kapitalistischen Dynamik zusammen, die sich als ein Wechselspiel von funktional erzwungener Öffnung und sozialintegrativer Schließung auf jeweils höherem Niveau beschreiben lässt.

ZEIT: Der Markt sprengt die Gesellschaft auf, und der Sozialstaat schließt sie wieder?

HABERMAS: Der Sozialstaat ist eine späte und, wie wir erfahren, fragile Errungenschaft. Die expandierenden Märkte und Kommunikationsnetze hatten immer schon eine aufsprengende, für den einzelnen Bürger zugleich individualisierende und befreiende Kraft; darauf ist aber stets eine Reorganisation der alten Solidarverhältnisse in einem erweiterten institutionellen Rahmen erfolgt. Dieser Prozess hat in der frühen Moderne begonnen, als die hochmittelalterlichen Herrschaftsstände in den neuen Territorialstaaten schrittweise parlamentarisiert – Beispiel England – oder – Beispiel Frankreich – durch absolutistische Könige mediatisiert worden sind. Der Vorgang hat sich im Gefolge der Verfassungsrevolutionen des 18. und 19. Jahrhunderts und der Sozialstaatsgesetzgebungen des 20. Jahrhunderts fortgesetzt. Diese rechtliche Zähmung des Leviathan und des Klassenantagonismus war keine einfache Sache. Aber aus denselben funktionalen Gründen weist die gelungene Konstitutionalisierung von Staat und Gesellschaft heute, nach dem weiteren Schub der wirtschaftlichen Globalisierung, in die Richtung einer Konstitutionalisierung des Völkerrechts und der zerrissenen Weltgesellschaft.

ZEIT: Welche Rolle spielt Europa in diesem optimistischen Szenario?

HABERMAS: Eine andere als die, die es in der Krise tatsächlich gespielt hat. Ich verstehe nicht ganz, warum das Krisenmanagement der Europäischen Union so gelobt wird. Gordon Brown konnte mit seiner denkwürdigen Entscheidung den amerikanischen Finanzminister Paulson zu einer Kehrtwende in der Interpretation des mühsam beschlossenen *bail-out* bewegen, weil er über den französischen Präsidenten und gegen das anfängliche Widerstreben von Merkel und Steinbrück die wichtigsten Spieler der Eurozone an Bord geholt hat. Man muss sich diesen Verhandlungsprozess und dessen Ergebnis nur genau anschauen. Es waren doch die drei mächtigsten in der EU vereinten Nationalstaaten, die als souverän handelnde Akteure vereinbart haben, ihre jeweils verschiedenen, aber gleichgerichteten Maßnahmen zu koordinieren. Trotz der Anwesenheit der Herren Juncker und Barroso hat das Zustandekommen dieser internationalen Vereinbarung klassischen Stils kaum etwas mit einer gemeinsamen politischen Willensbildung der Europäischen Union zu tun. Die *New York Times* hat denn auch die europäische Unfähigkeit zu einer gemeinsamen Wirtschaftspolitik nicht ohne eine gewisse Häme registriert.

ZEIT: Und worauf führen Sie diese Unfähigkeit zurück?

HABERMAS: Der weitere Verlauf der Krise macht ja den Makel der europäischen Konstruktion offenbar: Jedes Land reagiert mit eigenen wirtschaftspolitischen Maßnahmen. Weil die Kompetenzen in der Union, vereinfacht gesagt, so verteilt sind, dass

Brüssel und der Europäische Gerichtshof die Wirtschaftsfreiheiten durchsetzen, während die dadurch entstehenden externen Kosten auf die Mitgliedsländer abgewälzt werden, gibt es heute keine gemeinsame wirtschaftspolitische Willensbildung. Die wichtigsten Mitgliedstaaten sind schon über die Grundsätze, wie viel Staat und wie viel Markt man überhaupt will, zerstritten. Und jedes Land betreibt seine eigene Außenpolitik, allen voran die Bundesrepublik. Die Berliner Republik vergisst bei aller sanften Diplomatie die Lehren, die die alte Bundesrepublik aus der Geschichte gezogen hatte. Die Regierung reckt sich mit Wohlgefallen in ihrem seit 1989/90 erweiterten außenpolitischen Handlungsspielraum und fällt zurück ins bekannte Muster der nationalen Machtspiele zwischen Staaten, die doch längst auf das Format von Duodezfürstentümern geschrumpft sind.

ZEIT: Und was sollten diese Duodezfürsten tun?

HABERMAS: Sie fragen mich nach meiner Wunschliste? Da ich die abgestufte Integration nach Lage der Dinge für den einzig möglichen Weg zu einer handlungsfähigen Europäischen Union halte, bietet sich Sarkozys Vorschlag zu einer Wirtschaftsregierung der Eurozone als Anknüpfungspunkt an. Das bedeutet ja nicht, dass man sich damit schon auf die etatistischen Hintergrundannahmen und protektionistischen Absichten ihres Initiators einlassen würde. Verfahren und politische Ergebnisse sind zweierlei. Der »engeren Zusammenarbeit« auf wirtschaftspolitischem Gebiet würde dann eine in der Außenpolitik folgen müssen. Und beides könnte nicht länger über die Köpfe der Bevölkerungen hinweg ausgekungelt werden.

ZEIT: Das unterstützt ja nicht einmal die SPD.

HABERMAS: Die SPD-Führung überlässt es dem Christdemokraten Jürgen Rüttgers, dem »Arbeiterführer« an Rhein und Ruhr, in diese Richtung zu denken. In ganz Europa stehen die sozialdemokratischen Parteien mit dem Rücken zur Wand, weil sie bei schrumpfenden Einsätzen Nullsummenspiele betreiben müssen. Warum ergreifen sie nicht die Chance, aus ihren nationalstaatlichen Käfigen auszubrechen und sich auf europäischer Ebene neue Handlungsspielräume zu erschließen? Auch gegenüber einer regressiven Konkurrenz von links könnten sie sich so profilieren. Was immer heute »links« und »rechts« bedeuten mag, nur gemeinsam könnten die Euro-Länder ein weltpolitisches Gewicht erlangen, das ihnen eine vernünftige Einflussnahme auf die Agenda der Weltwirtschaft erlaubt. Sonst liefern sie sich als Onkel Sams Pudel an eine ebenso gefährliche wie chaotische Weltlage aus.

ZEIT: Stichwort Onkel Sam – Sie müssten doch von den USA tief enttäuscht sein. Für Sie waren die USA das Zugpferd der neuen Weltordnung.

HABERMAS: Was bleibt uns anderes übrig, als auf dieses Zugpferd zu setzen? Die USA werden aus der jetzigen Doppelkrise geschwächt hervorgehen. Aber sie bleiben einstweilen die liberale Supermacht und befinden sich in einer Lage, die es ihnen nahelegt, das neokonservative Selbstverständnis des paternalistischen Weltbeglückers gründlich zu revidieren. Der weltweite Export der eigenen Lebensform entsprang dem falschen, dem zentrierten Universalismus alter Reiche. Die Moderne zehrt demgegenüber von dem dezentrierten Universalismus der gleichen Achtung für jeden. Es liegt im eigenen Interesse der USA, nicht nur ihre kontraproduktive Einstellung gegenüber den Vereinten Nationen aufzugeben, sondern sich an die Spitze der Reformbewegung zu setzen. Historisch gesehen, bietet das Zusammentreffen von vier Faktoren – Supermacht, älteste Demokratie auf Erden, Amtsantritt eines, wie ich hoffe, liberalen und visionären Präsidenten sowie eine politische Kultur, in der normative Orientierungen einen bemerkenswerten Resonanzboden finden – eine unwahrscheinliche Konstellation. Amerika ist heute tief verunsichert durch das Scheitern des unilateralistischen Abenteuers, durch die Selbstzerstörung des Neoliberalismus und den Missbrauch seines exzeptionalistischen Bewusstseins. Warum sollte sich diese Nation nicht, wie so oft, wieder aufrappeln und versuchen, die konkurrierenden Großmächte von heute – die Weltmächte von morgen – rechtzeitig in eine internationale Ordnung einzubinden, die keine Supermacht mehr nötig hat? Warum sollte ein Präsident, der – aus einer Schicksalswahl hervorgegangen – im Inneren nur noch einen minimalen Handlungsspielraum vorfindet, nicht wenigstens außenpolitisch diese vernünftige Chance, diese Chance der Vernunft ergreifen wollen?

ZEIT: Sogenannten Realisten würden Sie damit nur ein müdes Lächeln entlocken.

HABERMAS: Ich weiß, dass vieles dagegen spricht. Der neue amerikanische Präsident müsste sich gegen die von der Wall Street abhängigen Eliten in der eigenen Partei durchsetzen; er müsste wohl auch von den naheliegenden Reflexen eines neuen Protektionismus abgehalten werden. Und die USA würden für eine derart radikale Kehrtwende den freundschaftlichen Antrieb eines loyalen, aber selbstbewussten Bündnispartners brauchen. Einen im kreativen Sinne »bipolaren« Westen kann es freilich nur geben, wenn die EU lernt, nach außen mit einer Stimme zu sprechen und, tja, das international angesparte Vertrauenskapital zu nutzen, um selber weitsichtig zu handeln. Das »Ja, aber ...« liegt auf der Hand. In Krisenzeiten braucht man vielleicht eher eine etwas weiter ausgreifende Perspektive als den Rat des Mainstreams und das Klein-Klein des bloßen Durchwurschtelns.

II. Am Euro entscheidet sich das Schicksal
der Europäischen Union

Schicksalstage: Der Westen feiert am 8., Russland am 9. Mai den Sieg über das nationalsozialistische Deutschland – auch bei uns sind es im offiziellen Sprachgebrauch »Tage der Befreiung«. In diesem Jahr marschierten die Streitkräfte der Kriegskoalition gegen Deutschland (auch mit einer polnischen Einheit) gemeinsam zur Siegesparade auf. Auf dem Roten Platz in Moskau stand Angela Merkel unmittelbar neben Putin. Ihre Gegenwart bekräftigte den Geist eines »neuen« Deutschlands: Die nachkriegsdeutschen Generationen haben nicht vergessen, dass sie auch von der russischen Armee – und von ihr unter den größten Opfern – befreit worden sind.

Die Kanzlerin kam aus Brüssel, wo sie in einer ganz anderen Rolle einer Niederlage der ganz anderen Art beigewohnt hatte. Das Bild von jener Pressekonferenz, auf der die Entscheidung der EU-Regierungschefs über einen gemeinsamen Rettungsfonds für den angeschlagenen Euro bekanntgemacht wurde, verrät die verkrampfte Mentalität nicht des neuen, sondern des heutigen Deutschlands. Das knirschende Foto hält die versteinerten Gesichter von Merkel und Sarkozy fest – abgekämpfte Regierungschefs, die sich nichts mehr zu sagen hatten. Wird es zum ikonographischen Dokument des Scheiterns einer Vision, die über ein halbes Jahrhundert die europäische Nachkriegsgeschichte geprägt hat?

Während sie in Moskau im Schatten der Tradition der alten Bundesrepublik stand, hatte Merkel an diesem 8. Mai in Brüssel den wochenlangen Kampf einer Lobbyistin für die nationalen Interessen des wirtschaftlich stärksten Mitgliedstaates hinter sich. Mit Appellen an das Vorbild deutscher Haushaltsdisziplin hatte sie ein gemeinsames Handeln der Union, das die Kreditwürdigkeit Griechenlands gegen eine auf Staatsbankrott abzielende Spekulation rechtzeitig gestützt hätte, blockiert. Wirkungslose Absichtserklärungen hatten ein gemeinsames präventives Handeln verhindert. Griechenland als Einzelfall.

Erst nach dem jüngsten Börsenschock hatte die Kanzlerin tonlos eingelenkt, mürbe gemacht durch die kollektive Seelenmassage der Präsidenten der Vereinigten Staaten, des Internationalen Währungsfonds und der Europäischen Zentralbank. Aus Furcht vor den Massenvernichtungswaffen der Boulevardpresse schien sie den Blick für die Durchschlagskraft der Massenvernichtungswaffen der Finanzmärkte verloren zu haben. Sie wollte partout keine Eurozone, von der der EU-Kommissionspräsident José Manuel Barroso in den nächsten Tagen sagen würde: Wer die wirtschaftspolitische Einigung nicht wolle, müsse auch die Währungsunion vergessen.

Die Zäsur

Inzwischen dämmert allen Beteiligten die Tragweite der Brüsseler Entscheidung vom 8. Mai 2010. Die neudeutsche Bildersprache, in der wir pausenlos Rettungsschirme aufspannen und Rettungspakete schnüren, darf nicht darüber täuschen, dass die über Nacht getroffenen Notmaßnahmen für den Euro andere Konsequenzen haben als alle bisherigen *bail-outs*. Weil die Kommission nun für die Europäische Union als ganze Kredite am Markt aufnimmt, ist dieser »Krisenmechanismus« ein »Gemeinschaftsinstrument«, das die Geschäftsgrundlage der Europäischen Union verändert.

Die Tatsache, dass die Steuerzahler der Eurozone fortan gemeinsam für die Haushaltsrisiken der jeweils anderen Mitgliedstaaten haften, bedeutet einen Paradigmenwechsel. Damit kommt ein lange verdrängtes Problem zu Bewusstsein. Die inzwischen zur Staatenkrise ausgeweitete Finanzkrise erinnert an den Geburtsfehler einer unvollendeten, auf halbem Wege stecken gebliebenen Politischen Union. In einem Wirtschaftsraum von kontinentalem Ausmaß und riesiger Bevölkerungszahl ist ein Gemeinsamer Markt mit teilweise gemeinsamer Währung entstanden, ohne dass auf europäischer Ebene Kompetenzen eingerichtet worden wären, mit denen die Wirtschaftspolitiken der Mitgliedstaaten auch wirklich wirksam koordiniert werden könnten.

Heute kann niemand mehr die Forderung des IWF-Präsidenten nach einer »europäischen Wirtschaftsregierung« als unvernünftig vom Tisch fegen. Die Modellvorstellungen einer »regelkonformen« Wirtschaftspolitik und eines »disziplinierten« Haushaltens nach Vorgaben des Stabilitätspaktes werden dem Erfordernis einer flexiblen Anpassung an schnell wechselnde politische Konstellationen nicht gerecht. Natürlich müssen die nationalen Haushalte saniert werden. Aber es geht doch nicht nur um griechische »Schummeleien« und um spanische »Wohlstandsillusionen«, sondern um eine wirtschaftspolitische Angleichung der Entwicklungsniveaus innerhalb eines Währungsgebietes mit heterogenen Volkswirtschaften. Der Stabilitätspakt, den Frankreich und Deutschland 2005 selbst außer Kraft setzen mussten, ist zum Fetisch geworden. Eine Verstärkung der Sanktionen wird nicht genügen, um die unerwünschten Folgen einer gewollten Asymmetrie zwischen der vollständigen ökonomischen und der unvollständigen politischen Einigung Europas auszubalancieren.

Selbst die Wirtschaftsredaktion der *Frankfurter Allgemeinen* sieht »die Währungsunion am Scheideweg«. Sie stachelt freilich nur mit einem Horrorszenario die DM-Nostalgie gegen die »Weichwährungsländer« auf, während eine anpassungsfähige Kanzlerin plötzlich davon spricht, dass sich die Europäer »wirtschaftlich und finanziell stärker verzahnen« müssen. Aber weit und breit keine Spur vom Bewusstsein einer tiefen Zäsur. Die einen verwischen den kausalen Zusammenhang von Euro- und Bankenkrise und verbuchen das Desaster allein bei mangelnder Haushaltsdisziplin. Die anderen sind eifrig bemüht, das Problem der fälligen Abstimmung zwischen den nationalen Wirtschaftspolitiken zu einer Frage des besseren Managements kleinzureden.

Die Europäische Kommission will den zeitlich begrenzten Rettungsfonds für den Euro auf Dauer stellen und die nationalen Haushaltspläne vorgreifend inspizieren – noch bevor diese den nationalen Parlamenten vorgelegt werden. Nicht als wären die Vorschläge unvernünftig. Aber unverschämt ist die Suggestion, dass ein solcher Eingriff der Kommission in das Haushaltsrecht der Parlamente die Verträge nicht berühren und das längst bestehende demokratische Defizit nicht auf unerhörte Weise steigern würde. Eine wirksame Koordinierung der Wirtschaftspolitiken muss eine Verstärkung der Kompetenzen des Straßburger Parlaments nach sich ziehen; sie wird auch auf anderen Politikfeldern das Bedürfnis nach einer besseren Koordinierung auf den Plan rufen.

Die Länder der Eurozone steuern auf die Alternative zwischen einer Vertiefung der europäischen Zusammenarbeit und der Preisgabe des Euro zu. Es geht nicht um die »gegenseitige Überwachung der Wirtschaftspolitiken« (Trichet), sondern um gemeinsames Handeln. Und darauf ist die deutsche Politik schlecht vorbereitet.

Generationenwechsel und neue Indifferenz

Nach dem Holocaust hat es für die Rückkehr der Bundesrepublik in den Kreis der zivilisierten Nationen – von Adenauer und Heinemann über Brandt und Helmut Schmidt bis zu Weizsäcker und Kohl – jahrzehntelanger Anstrengungen bedurft. Ein taktisch kluger Genscherismus und eine Westorientierung aus Gründen der Opportunität waren nicht genug. Nötig war ein unendlich mühsamer Mentalitätswandel in der Breite der Bevölkerung. Was unsere europäischen Nachbarn am Ende versöhnlich gestimmt hat, waren in erster Linie die gewandelten normativen Überzeugungen und die Weltoffenheit der jüngeren, in der Bundesrepublik herangewachsenen Generationen. Und natürlich haben im diplomatischen Umgang die glaubwürdigen Überzeugungen der seinerzeit aktiven Politiker den Ausschlag gegeben.

Das historisch begründete Misstrauen gegen die Deutschen war nicht durch ihr erkennbares Interesse an einer friedlichen europäischen Einigung allein zu entkräften. Die Westdeutschen schienen sich mit der nationalen Teilung ohnehin abfinden zu müssen. Ihnen konnte es in Erinnerung an ihre nationalistischen Exzesse nicht schwerfallen, auf die Wiedererlangung von Souveränitätsrechten zu verzichten, in Europa die Rolle des größten Nettozahlers zu übernehmen und erforderlichenfalls Vorleistungen zu erbringen, die sich sowieso für die Bundesrepublik auszahlten. Das deutsche Engagement musste, wenn es überzeugen sollte, normativ verankert sein. Den Belastungstest hat Jean-Claude Juncker gut beschrieben, als er im Hinblick auf Angela Merkels kühles Interessenkalkül die Bereitschaft vermisste, »für Europa innenpolitische Risiken einzugehen«.

Die neue deutsche Hartleibigkeit hat tiefere Wurzeln. Schon mit der Wiedervereinigung hatte sich die Perspektive eines größer gewordenen und mit eigenen Problemen beschäftigten Deutschlands verändert. Wichtiger war der Bruch der Mentalitäten, der nach Helmut Kohl eingetreten ist. Abgesehen von einem zu schnell ermatteten Joschka Fischer, regiert seit dem Amtsantritt von Gerhard Schröder eine normativ abgerüstete Generation, die sich von einer immer komplexer werdenden Gesellschaft einen kurzatmigen Umgang mit den von Tag zu Tag auftauchenden Problemen aufdrängen lässt. Sie verzichtet im Bewusstsein der schrumpfenden politischen Handlungsspielräume auf Ziele und politische Gestaltungsabsichten, ganz zu schweigen von einem Projekt wie der Einigung Europas.

Heute genießen die deutschen Eliten ihre wiedergefundene nationalstaatliche Normalität. Am Ende eines »langen Weges nach Westen« haben sie ihr demokratisches Reifezeugnis erworben und dürfen wieder »so sein wie die anderen«. Verschwunden ist die nervöse Bereitschaft eines auch moralisch besiegten und zur Selbstkritik genötigten Volkes, sich in der postnationalen Konstellation schneller zurechtzufinden. In einer globalisierten Welt müssen alle lernen, die Perspektive der anderen in ihre eigene einzubeziehen, statt sich auf die egozentrische Mischung aus Ästhetisierung und Nutzenoptimierung zurückzuziehen. Ein politisches Symptom für nachlassende Lernbereitschaft sind die Maastricht- und Lissabon-Urteile des Bundesverfassungsgerichts, die sich an überholten rechtsdogmatischen Vorstellungen von Souveränität festkrallen. Die um sich selbst kreisende und normativ anspruchslose Mentalität eines selbstbezogenen Kolosses in der Mitte Europas ist nicht einmal mehr ein Garant dafür, dass die Europäische Union in ihrem schwankenden *status quo* erhalten bleibt.

Das entschärfte Krisenbewusstsein

Ein Mentalitätswandel ist kein Grund zum Vorwurf; aber die neue Indifferenz hat Folgen für die politische Wahrnehmung der aktuellen Herausforderung. Wer ist denn wirklich bereit, aus der Bankenkrise jene Lehren zu ziehen, die der Londoner G20-Gipfel in schönen Absichtserklärungen längst zu Protokoll gegeben hat – und dafür zu kämpfen?

Im Hinblick auf die Zähmung des wildgewordenen Finanzkapitalismus kann sich niemand über den majoritären Willen der Bevölkerungen täuschen. Zum ersten Mal in der Geschichte des Kapitalismus konnte im Herbst 2008 das Rückgrat des finanzmarktgetriebenen Weltwirtschaftssystems nur noch mit den Garantien von Steuerzahlern vor dem Zusammenbruch gerettet werden. Und diese Tatsache, dass sich der Kapitalismus nicht mehr aus eigener Kraft reproduzieren kann, hat sich seitdem im Bewusstsein von Staatsbürgern festgesetzt, die als Steuerbürger für das »Systemversagen« haften müssen.

Die Forderungen der Experten liegen auf dem Tisch. Im Gespräch sind die Erhöhung des Eigenkapitals der Banken, mehr Transparenz für das Treiben der Hedgefonds, eine verbesserte Kontrolle der Börsen und der Ratingagenturen, das Verbot der phantasiereichen, aber volkswirtschaftlich schädlichen Spekulationsinstrumente, eine Steuer auf Finanztransaktionen, eine Bankenabgabe, die Trennung der Investment- von den Geschäftsbanken, die vorsorgliche Zerschlagung jener Bankenkomplexe, die »zu groß sind, um sie pleitegehen zu lassen«. Im Gesicht von Josef Ackermann, dem gewieften Cheflobbyisten der Bankenbranche, spiegelte sich eine gewisse Nervosität, als ihm Maybrit Illner wenigstens einige dieser »Folterinstrumente« des Gesetzgebers zur Auswahl anbot.

Nicht als wäre die Regulierung der Finanzmärkte eine einfache Sache. Dazu braucht man gewiss auch den Sachverstand der gerissensten Banker. Aber die guten Absichten scheitern weniger an der »Komplexität der Märkte« als am Kleinmut und der mangelnden Unabhängigkeit der nationalen Regierungen. Sie scheitern am vorauseilenden Verzicht auf eine internationale Zusammenarbeit, die sich zum Ziel setzt, die fehlenden politischen Handlungskapazitäten aufzubauen – weltweit, in der Europäischen Union und zunächst einmal innerhalb der Eurozone. Devisenhändler und Spekulanten glauben in Sachen Griechenlandhilfe eher an Ackermanns geschäftstüchtigen Defätismus als an Merkels klamme Zustimmung zum Euro-Rettungsfonds; realistischerweise trauen sie den Euroländern eine entschlossene Kooperation nicht zu. Wie sollte es anders sein bei einem Verein, der seine Energien in Hahnenkämpfen um die Besetzung seiner einflussreichsten Posten mit den farblosesten Figuren verschleißt?

In Krisenzeiten können sogar Personen Geschichte machen. Unsere schlappen politischen Eliten, die lieber den Schlagzeilen der *Bild*-Zeitung folgen, dürfen sich auch nicht darauf hinausreden, dass es die Bevölkerungen seien, die sich einer tiefer gehenden europäischen Einigung in den Weg stellen. Sie wissen doch am besten, dass die demoskopisch erfasste Meinung der Leute nicht dasselbe ist wie das Ergebnis eines deliberativ gebildeten demokratischen Willens der Staatsbürger. Bisher hat es in keinem Land auch nur eine einzige Europawahl oder ein einziges Referendum gegeben, in denen über etwas anderes als über nationale Themen und Tickets entschieden worden wäre. Ganz zu schweigen von der nationalstaatlichen Borniertheit der Linken (und damit meine ich nicht nur »Die Linke«), sind uns bisher alle politischen Parteien den Versuch schuldig geblieben, die öffentliche Meinung durch eine offensive Aufklärung politisch zu gestalten.

Mit ein bisschen politischem Rückgrat kann die Krise der gemeinsamen Währung das herbeiführen, was sich manche einmal von einer gemeinsamen europäischen Außenpolitik erhofft hatten: das über nationale Grenzen hinausgreifende Bewusstsein, ein gemeinsames europäisches Schicksal zu teilen.

III. Ein Pakt für oder gegen Europa?

Die letzte Märzwoche war von zwei politischen Großereignissen beherrscht. Der Machtverlust der Regierungsparteien im Stammland der CDU besiegelte den zügigen Ausstieg aus der Atomenergie; zwei Tage zuvor verkoppelte der Europäische Rat seine Beschlüsse zur Stabilisierung der gemeinsamen Währung mit einer Initiative zur überfälligen Koordinierung der Wirtschaftspolitiken in den beteiligten Mitgliedstaaten. Allerdings wird das Gewicht dieses integrationspolitischen Schubs öffentlich kaum wahrgenommen, denn in anderen Hinsichten bilden die beiden Ereignisse einen bemerkenswerten Kontrast. In Baden-Württemberg kippt eine soziale Bewegung nach vierzig Jahren zivilgesellschaftlichen Protestes eine beinharte Mentalität, auf die sich die industriefreundlichen Eliten bislang verlassen konnten. In Brüssel wird nach einem Jahr Spekulation gegen den Euro hinter verschlossenen Türen ein Maßnahmenpaket »für wirtschaftspolitische Steuerung« verabschiedet, mit dessen Auswirkungen sich in erster Linie Juristen, Ökonomen und Politologen beschäftigen werden. Dem langfristig von unten erkämpften Mentalitätswandel dort steht hier ein von den Finanzmärkten kurzfristig erzwungener Integrationsschub in der Zusammenarbeit der nationalen Regierungen gegenüber.

Die energiepolitische Wende, die sich über Jahrzehnte im politischen Licht einer lärmend argumentierenden Öffentlichkeit angebahnt hat, bedeutet eine Zäsur. Aber gilt das auch für den expertokratisch ausgehandelten, in den Wirtschaftsteilen der Presse versickerten, fast tonlos vollzogenen Politikwechsel zu einer intensiveren Abstimmung von Politiken, die gemäß dem Europavertrag in nationale Zuständigkeit fallen? Was ist das Problem – und kann es durch eine Verabredung unter den Regierungschefs der betroffenen Mitgliedstaaten überhaupt gelöst werden?

Die finanztechnische Frage, ob der in Brüssel vereinbarte Stabilitätsmechanismus, der den im Mai 2010 vereinbarten Rettungsfonds im Jahre 2013 ablöst, die Spekulation gegen den Euro beenden wird, lasse ich dahingestellt. Wichtiger ist die politische Frage jenes Konstruktionsfehlers der Währungsunion, über den die Finanzmarktspekulation nun *allen* die Augen geöffnet hat. Bei der Einführung des Euro im Jahre 1999 hatten einige noch auf die Fortsetzung des *politischen* Einigungsprozesses gehofft. Andere Befürworter glaubten an das ordoliberale Lehrbuch, das der Wirtschaftsverfassung mehr zutraut als der Demokratie. Sie meinten, dass die Einhaltung simpler Regeln für eine Konsolidierung der Staatshaushalte genügen müsste, um (gemessen an den Lohnstückkosten) eine Angleichung der nationalen Wirtschaftsentwicklungen herbeizuführen.

Beide Erwartungen sind dramatisch enttäuscht worden. Die schnelle Aufeinanderfolge von Finanz-, Schulden- und Eurokrise hat die falsche Konstruktion eines riesigen Wirtschafts- und Währungsraums, dem aber die Instrumente für eine gemeinsame Wirtschaftspolitik fehlen, sichtbar gemacht. Europaskeptiker wie Angela Merkel sind unter diesen systemischen Zwängen widerstrebend zu einem Schritt in Richtung Integration gedrängt worden. Nun soll der Fehler auf dem informellen Wege der »offenen Koordinierung« beseitigt werden. Diese Notlösung hat aus Sicht der Akteure den Vorzug, keine schlafenden Hunde zu wecken. Andererseits ist sie, sofern sie überhaupt funktioniert, in der Auswirkung undemokratisch und dazu angetan, in den Bevölkerungen der verschiedenen Mitgliedstaaten gegenseitig Ressentiments zu schüren.

Die Regierungschefs haben sich darauf festgelegt, jeweils im eigenen Land einen Katalog von Maßnahmen zur Finanz-, Wirtschafts-, Sozial- und Lohnpolitik umzusetzen, die eigentlich Sache der nationalen Parlamente (bzw. der Tarifparteien) wären. In den Empfehlungen spiegelt sich ein Politikmuster, das die deutsche Handschrift trägt. Von der wirtschaftspolitischen Weisheit der verordneten Austerität, die auf eine kontraproduktive Dauerdeflation in der Peripherie hinauszulaufen droht, will ich gar nicht reden. Ich konzentriere mich auf das Verfahren: Die Regierungschefs wollen sich jedes Jahr gegenseitig über die Schulter sehen, um festzustellen, ob denn die Kollegen den Schuldenstand, das Renteneintrittsalter und die Deregulierung des Arbeitsmarktes, das Sozialleistungs- und das Gesundheitssystem, die Löhne im öffentlichen Sektor, die Lohnquote, die Körperschaftssteuer und vieles mehr an die »Vorgaben« des Europäischen Rates angepasst haben.

Die falsche Methode

Die rechtliche Unverbindlichkeit der intergouvernementalen Vorverständigung über Politiken, die in Kernkompetenzen der Mitgliedstaaten und ihrer Parlamente eingreifen, führt in ein Dilemma. Wenn die Empfehlungen zur wirtschaftspolitischen Steuerung wirkungslos bleiben, verstetigen sich die Probleme, die damit gelöst werden sollen. Wenn jedoch die Regierungen ihre Maßnahmen tatsächlich in der beabsichtigten Weise koordinieren, müssen sie sich dafür zu Hause die nötige Legitimation »beschaffen«. Das muss aber ein *claire-obscur* der sanften Pression von oben und der unfreiwillig-freiwilligen Akkommodation von unten erzeugen. Was bedeutet denn das Recht der Kommission, die Haushalte der Mitgliedstaaten »rechtzeitig«, also vor der Entscheidung der Parlamente, zu prüfen, anderes als die Anmaßung, ein wirksames Präjudiz zu schaffen?

Unter diesem Grauschleier können sich die nationalen Parlamente (und gegebenenfalls die Gewerkschaften) dem Verdacht nicht entziehen, andernorts gefasste Vorentscheidungen nur noch abzunicken, d. h. konkretisierend nachzuvollziehen. Dieser Verdacht muss jede demokratische Glaubwürdigkeit zerfressen. Das Wischiwaschi einer Koordinierung, deren rechtlicher Status absichtsvoll im Ungefähren bleibt, genügt nicht für Regelungen, die ein gemeinsames Handeln der Union erfordern. Solche Beschlüsse müssen *auf beiden* für Unionsentscheidungen vorgesehenen Wegen legitimiert werden – nicht nur auf dem indirekten Wege über die im Rat vertretenen Regierungen, sondern auch über das europäische Parlament unmittelbar. Andernfalls wird die bekannte zentrifugale Dynamik des Fingerzeigens auf »Brüssel« nur noch beschleunigt – die falsche Methode wirkt als Spaltpilz.

Solange die europäischen Bürger allein ihre nationalen Regierungen als Handelnde auf der europäischen Bühne im Blick haben, nehmen sie die Entscheidungsprozesse als Nullsummenspiele wahr, in denen sich die eigenen Akteure gegen die anderen durchsetzen müssen.

Die nationalen Helden treten gegen »die anderen« an, die an allem schuld sind, was »uns« das Monster Brüssel auferlegt und abverlangt. Nur im Blick auf das von ihnen gewählte, nach Parteien und nicht nach Nationen zusammengesetzte Parlament in Straßburg könnten die europäischen Bürger Aufgaben der wirtschaftspolitischen Steuerung als gemeinsam zu bewältigende Aufgaben wahrnehmen.

Und die Alternative?

Eine anspruchsvollere Alternative bestünde darin, dass die Kommission diese Aufgaben auf dem demokratischen Wege des »ordentlichen Gesetzgebungsverfahrens«, also mit Zustimmung von Rat *und* Parlament, ausübt. Das würde allerdings eine Kompetenzverlagerung von den Mitgliedstaaten auf die Union verlangen, und eine derart einschneidende Vertragsänderung erscheint einstweilen als unrealistisch.

Wahrscheinlich stimmt die Erwartung, dass die europamüden Bevölkerungen *unter gegebenen Umständen* eine weitere Übertragung von Souveränitätsrechten selbst im Kernbereich der Union ablehnen würden. Aber diese Voraussage ist zu bequem, wenn sich die politischen Eliten damit von ihrer Verantwortung für den erbärmlichen Zustand der Union entlasten.

Dass die jahrzehntelange breite Zustimmung zur europäischen Einigung sogar in der Bundesrepublik stark abgenommen hat, ist nicht selbstverständlich. Der europäische Einigungsprozess, der immer schon über die Köpfe der Bevölkerung hinweg betrieben worden ist, steckt heute in der Sackgasse, weil er nicht weitergehen kann, ohne vom bisher üblichen administrativen Modus auf eine stärkere Beteiligung der Bevölkerung umgestellt zu werden. Stattdessen stecken die politischen Eliten den Kopf in den Sand. Sie setzen ungerührt ihr Eliteprojekt und die Entmündigung der europäischen Bürger fort. Für diese Unverfrorenheit möchte ich nur drei Gründe anführen.

Die Wiederentdeckung des deutschen Nationalstaates

Die nationale Einigung hat in Deutschland einen Mentalitätswandel in Gang gesetzt, der (wie politikwissenschaftliche Untersuchungen belegen) auch das Selbstverständnis und die Orientierung der deutschen Außenpolitik erfasst und in Richtung einer stärkeren Selbstzentrierung verändert hat. Seit den neunziger Jahren wächst allmählich das Selbstbewusstsein einer militärisch gestützten »Mittelmacht«, die als Spieler auf weltpolitischer Bühne agiert. Dieses Selbstverständnis verdrängt die bis dahin gehegte Kultur der Zurückhaltung einer Zivilmacht, die vor allem einen Beitrag zur Verrechtlichung des Systems der ungezügelten Staatenkonkurrenz leisten wollte. Der Wandel zeigt sich insbesondere seit dem Regierungswechsel von 2005 auch in der Europapolitik. Genschers Vorstellung von der »europäischen Berufung« eines kooperativen Deutschlands spitzt sich immer stärker auf einen unverhohlenen Führungsanspruch eines »europäischen Deutschlands in einem deutsch geprägten Europa« zu. Nicht als wäre die Einigung Europas nicht von Anfang an im deutschen Interesse gewesen. Aber das Bewusstsein eines verpflichtenden historisch-moralischen Erbes sprach für diplomatische Zurückhaltung und für die Bereitschaft, auch die Perspektiven der anderen einzunehmen, normativen Gesichtspunkten Gewicht einzuräumen und gelegentlich Konflikte durch Vorleistungen zu entschärfen.

Für Angela Merkel mag das im Umgang mit Israel noch eine Rolle spielen. Aber der Vorrang nationaler Rücksichten ist nie zuvor so blank in Erscheinung getreten wie im robusten Widerstand einer Kanzlerin, die vor ihrem Debakel vom 8. Mai 2010 die europäische Hilfe für Griechenland und den Rettungsschirm für den Euro wochenlang blockierte. Auch das jetzige Paket ist vom wirtschaftspolitischen Musterknaben mit so wenig Sensibilität geschnürt worden, dass die Nachbarländer bei geeignetem Anlass nicht länger auf »Brüssel«, sondern auf das »deutsche« Politikmuster zeigen werden, das sie sich nicht überstülpen lassen wollen. Zum neudeutschen Mentalitätswandel passt übrigens das europa-unfreundliche Lissabon-Urteil des Bundesverfassungsgerichts, das sich gegen weitere Integrationsbestrebungen mit einer willkürlichen Festlegung unverrückbarer nationaler Zuständigkeiten zum Hüter der nationalstaatlichen Identität aufwirft. Staatsrechtler haben das Urteil unter der sarkastischen Überschrift »Das deutsche Verfassungsgericht sagt ›Ja‹ zu Deutschland« trefflich kommentiert.

Demoskopiegeleiteter Opportunismus

Die neue deutsche Normalität erklärt nicht die Tatsache, dass es bisher in keinem der Mitgliedstaaten eine einzige Europawahl und kaum ein Referendum gegeben hat, in denen über etwas anderes als über nationale Themen und Tickets entschieden worden ist. Politische Parteien vermeiden natürlich die Thematisierung von unpopulären Fragen. Das ist einerseits trivial, weil es das Ziel von Parteien sein muss, Wahlen zu gewinnen. Andererseits ist es keineswegs trivial, warum seit Jahrzehnten Europawahlen von Themen und Personen beherrscht werden, die gar nicht zur Entscheidung anstehen. Der Umstand, dass sich die Bürger über die Relevanz des Geschehens im subjektiv entfernten Straßburg und Brüssel täuschen, begründet sehr wohl eine Bringschuld, der sich jedoch die politischen Parteien hartnäckig entziehen.

Freilich scheint die Politik heute allgemein in einen Aggregatzustand, der sich durch den Verzicht auf Perspektive und Gestaltungswillen auszeichnet, überzugehen. Die wachsende Komplexität der regelungsbedürftigen Materien nötigt zu kurzatmigen Reaktionen in schrumpfenden Handlungsspielräumen. Als hätten sich die Politiker den entlarvenden Blick der Systemtheorie zu eigen gemacht, folgen sie schamlos dem opportunistischen Drehbuch einer demoskopiegeleiteten Machtpragmatik, die sich aller normativen Bindungen entledigt hat. Merkels Atommoratorium ist nur das auffälligste Beispiel. Und nicht Guttenberg, sondern die Regierungschefin selbst hat (in den Worten der FAZ) »die halbe Republik und fast die ganze CDU zum Lügen gebracht«, als sie den öffentlich überführten Plagiator aus Rücksicht auf dessen Beliebtheit im Amt behielt. Kühl kalkulierend hat sie für ein paar Silberlinge, die sie an den Wahlurnen dann doch nicht hat einstreichen können, das rechtsstaatliche Amtsverständnis kassiert. Ein Großer Zapfenstreich hat die Normalität dieser Praxis auch noch besiegelt.

Dem liegt ein Verständnis von Demokratie zugrunde, das die *New York Times* nach der Wiederwahl von George W. Bush auf die Formel von der *post-truth democracy* gebracht hat. In dem Maße, wie die Politik ihr gesamtes Handeln von der Konkordanz mit Stimmungslagen abhängig macht, denen sie von Wahltermin zu Wahltermin hinterherhechelt, verliert das demokratische Verfahren seinen Sinn. Eine demokratische Wahl ist nicht dazu da, ein naturwüchsiges Meinungsspektrum bloß abzubilden; vielmehr soll sie das Ergebnis eines öffentlichen Prozesses der Meinungsbildung wiedergeben. Die in der Wahlkabine abgegebenen Stimmen erhalten das institutionelle Gewicht demokratischer Mitbestimmung erst in Verbindung mit den öffentlich artikulierten Meinungen, die sich im kommunikativen Austausch von themenrelevanten Stellungnahmen, Informationen und Gründen *herausgebildet* haben. Aus diesem

Grunde privilegiert das Grundgesetz die Parteien, die nach Artikel 21 »an der politischen Willensbildung des Volkes mitwirken«. Auch die Europäische Union wird keinen demokratischen Charakter annehmen können, solange es die politischen Parteien ängstlich vermeiden, Alternativen zu Entscheidungen von großer Tragweite *überhaupt zum Thema zu machen*.

Das Unbehagen an der politisch-medialen Klasse

Die Medien sind am beklagenswerten Gestaltwandel der Politik nicht unbeteiligt. Einerseits lassen sich die Politiker vom sanften Zwang der Medien zu kurzatmigen Selbstinszenierungen verführen. Andererseits lässt sich die Programmgestaltung der Medien selbst von der Hast dieses Okkasionalismus anstecken. Die munteren Moderator(inn)en der zahlreichen Talkshows richten mit ihrem immer gleichen Personal einen Meinungsbrei an, der dem letzten Zuschauer die Hoffnung nimmt, es könne bei politischen Themen noch *Gründe* geben, die *zählen*. Manchmal zeigt der ARD-Presseclub, dass es auch anders geht.

Zwar stehen wir mit unserer Qualitätspresse, wenn ich recht sehe, im internationalen Vergleich gar nicht so schlecht da. Aber auch diese Leitmedien bleiben nicht unberührt von dem Umstand, dass die mediale mit der politischen Klasse *zusammenwächst* – und auf diesen Ritterschlag auch noch stolz ist. Ein Beispiel dafür ist der verblüffende Applaus der anspruchsvollen »liberalen« Wochenzeitung für die Kanzlerin, als diese in der Causa Guttenberg die politische Kultur des Landes berlusconisierte. Zudem dürfte sich die kommentierende Presse, wenn sie ein Gegengewicht gegen eine perspektivlose Politik bilden wollte, ihre Themen nicht ganz vom Takt des Tagesgeschehens vorgeben lassen. Beispielsweise behandelt sie die Bewältigung der Euro-Krise als ein hochspezialisiertes Wirtschaftsthema; dann fehlt der Kontext, wenn die politischen Redaktionen in großen Abständen geruhen, die Folgen der Krise für den Umbau der Europäischen Union im Ganzen doch einmal aufzugreifen.

Die Wiederentdeckung des deutschen Nationalstaates, der neue Modus einer kompasslos auf kurze Sicht fahrenden Politik und das Zusammenwachsen der poltisch-medialen Klasse mögen Gründe dafür sein, dass der Politik für ein so großes Projekt wie die Einigung Europas die Luft ausgeht. Aber vielleicht geht der Blick nach oben, auf die politischen Eliten und die Medien, überhaupt in die falsche Richtung. Vielleicht können die einstweilen fehlenden Motivationen nur von unten, aus der Zivilgesellschaft selbst, erzeugt werden. Der Ausstieg aus der Atomenergie ist ein Beispiel dafür, dass sich die politisch-kulturellen Selbstverständlichkeiten und damit die Parameter der öffentlichen Diskussion nicht ohne die zähe Maulwurfsarbeit sozialer Bewegungen verschieben.

Woher sollen die Motive kommen?

Eine soziale Bewegung für Europa liegt nicht in der Luft. Stattdessen beobachten wir etwas anderes – eine Politikverdrossenheit, deren Ursachen unklar sind. Die geläufigen Diagnosen machen das Unbehagen an Persönlichkeitseigenschaften und Stilmerkmalen von gefeierten Ersatz- und Gegenfiguren fest. Es heißt, dass viele Bürger am Seiteneinsteiger Gauck das eckige Profil einer widerständigen Lebensgeschichte schätzen, am Kommunikator Guttenberg die Eloquenz und den Glanz der eleganten Selbstdarstellung und am Moderator Geißler das Knorrige eines sympathischen Schlitzohrs – allemal farbige Eigenschaften, die den biederen Verwaltern der politischen Routine abgehen. Aber diese antipolitische Schwärmerei für das Überparteiliche könnte auch ein Ventil für einen ganz anderen Ärger sein – für den Verdruss an einer politischen *Unterforderung*.

Früher ließen sich die Politiken der Bundesregierungen aus einer nachvollziehbaren Perspektive bündeln: Adenauer war auf die Bindung an den Westen fixiert, Brandt auf die Ostpolitik und die Dritte Welt; Schmidt relativierte das Schicksal des kleinen Europa aus dem Blickwinkel der Weltökonomie, und Helmut Kohl wollte die nationale in die europäische Einigung einbinden. Alle wollten noch etwas! Schröder hat schon eher reagiert als gestaltet; immerhin wollte Joschka Fischer eine Entscheidung über die *finalité*, wenigstens die Richtung der europäischen Einigung herbeiführen. Seit 2005 zerfließen die Konturen vollends. Man kann nicht mehr erkennen, worum es geht; ob es überhaupt noch um mehr geht als um den nächsten Wahlerfolg. Die Bürger spüren, dass ihnen eine normativ entkernte Politik etwas *vorenthält*. Dieses Defizit drückt sich sowohl in der Abwendung von der organisierten Politik aus wie in jener neuen Protestbereitschaft der Basis, für die »Stuttgart 21« die Chiffre ist. Für die eine oder die andere politische Partei könnte es sich doch lohnen, die Ärmel hochzukrempeln, um offensiv auf den Marktplätzen für die europäische Einigung zu kämpfen.

Mit dem Verzicht auf »große« Projekte ist es nicht getan. Dem Klimawandel, den weltweiten Risiken der Kerntechnik, dem Regelungsbedarf des finanzmarktgetriebenen Kapitalismus oder der Durchsetzung der Menschenrechte auf internationaler Ebene kann sich die internationale Gemeinschaft nicht entziehen. Und gegenüber der Größenordnung dieser Probleme hat die Aufgabe, die wir in Europa lösen müssen, fast schon ein übersichtliches Format.

Nachweise

Der Aufsatz »Das Konzept der Menschenwürde und die realistische Utopie der Menschenrechte« wurde in der *Deutschen Zeitschrift für Philosophie* (58/2010, S. 343-357) und gekürzt (unter dem Haupttitel »Das utopische Gefälle«) in den *Blättern für deutsche und internationale Politik* abgedruckt (8/2010, S. 43-53). Für die Veröffentlichung in diesem Band wurde er vom Autor noch einmal durchgesehen.

»Nach dem Bankrott«, das Interview, das Thomas Assheuer mit Jürgen Habermas geführt hat, erschien am 6. November 2008 in der Wochenzeitung *Die Zeit* (S. 53).

Der Artikel »Am Euro entscheidet sich das Schicksal der Europäischen Union« erschien unter dem Titel »Wir brauchen Europa! Die neue Hartleibigkeit: Ist uns die gemeinsame Zukunft schon gleichgültig geworden?« am 20. Mai 2010 in der *Zeit* (S. 47).

»Ein Pakt für oder gegen Europa?« erschien mit dem Untertitel »An Gründen für eine Gemeinschaft fehlt es nicht, wohl aber an einem politischen Willen – und an Verantwortung« am 7. April 2011 in der *Süddeutschen Zeitung* (S. 11).

Jürgen Habermas
im Suhrkamp Verlag
Eine Auswahl

Ach, Europa. Kleine politische Schriften XI. es 2551. 191 Seiten

Ein Bewußtsein von dem, was fehlt. Eine Diskussion mit Jürgen Habermas. Herausgegeben von Michael Reder und Josef Schmidt. es 2537. 109 Seiten

Die Einbeziehung des Anderen. Studien zur politischen Theorie. stw 1444. 404 Seiten

Erkenntnis und Interesse. stw 1. 420 Seiten

Erläuterungen zur Diskursethik. stw 975. 229 Seiten

Faktizität und Geltung. Beiträge zur Diskurstheorie des Rechts und des demokratischen Rechtsstaats. 667 Seiten. Gebunden. stw 1361. 704 Seiten

Glauben und Wissen. Rede zum Friedenspreis des Deutschen Buchhandels. es-Sonderdruck. 60 Seiten

Legitimationsprobleme im Spätkapitalismus. es 623. 196 Seiten

Moralbewußtsein und kommunikatives Handeln. stw 422. 208 Seiten

Nachmetaphysisches Denken. Philosophische Aufsätze. Gebunden und stw 1004. 286 Seiten

Philosophisch-politische Profile. Gebunden und stw 659. 479 Seiten

Der philosophische Diskurs der Moderne. Zwölf Vorlesungen. stw 749. 450 Seiten

Die postnationale Konstellation. es 2095. 272 Seiten

Protestbewegung und Hochschulreform. Mit der DVD des Dokumentarfilms: Ruhestörung. Mit einer Nachbemerkung von Alexander Kluge. 270 Seiten

Philosophische Texte. Studienausgabe in fünf Bänden
- Sprachtheoretische Grundlegung der Soziologie.
  Band 1. Broschur. 411 Seiten
- Rationalitäts- und Sprachtheorie.
  Band 2. Broschur. 389 Seiten
- Diskursethik. Band 3. Broschur. 470 Seiten
- Politische Theorie. Band 4. Broschur. 437 Seiten
- Kritik der Vernunft. Band 5. Broschur. 463 Seiten

Strukturwandel der Öffentlichkeit. Untersuchungen zu einer Kategorie der bürgerlichen Gesellschaft. stw 891. 391 Seiten

Technik und Wissenschaft als »Ideologie«. es 287. 184 Seiten

Texte und Kontexte. stw 944. 217 Seiten

Theorie des kommunikativen Handelns.
- Bd. 1: Handlungsrationalität und gesellschaftliche Rationalisierung
- Bd. 2: Zur Kritik der funktionalistischen Vernunft.
  Gebunden und stw 1175. 1216 Seiten

Theorie und Praxis. Sozialphilosophische Studien. stw 243. 473 Seiten

Vom sinnlichen Eindruck zum symbolischen Ausdruck.
Philosophische Essays. BS 1233. 156 Seiten

Vorstudien und Ergänzungen zur Theorie des kommunikativen Handelns. Gebunden und stw 1176. 606 Seiten

Wahrheit und Rechtfertigung. Philosophische Aufsätze.
336 Seiten. Gebunden und Broschur.
stw 1723. Erweiterte Ausgabe. 364 Seiten

Zeitdiagnosen. Zwölf Essays. 1980-2001. es 2439. 264 Seiten

Die Zukunft der menschlichen Natur. Auf dem Weg zur
liberalen Eugenik? 128 Seiten. Broschur.
stw 1744. Erweiterte Ausgabe. 164 Seiten

Zur Logik der Sozialwissenschaften.
Gebunden/Broschur/stw 517. 607 Seiten

Zur Rekonstruktion des Historischen Materialismus.
stw 154. 346 Seiten

Zwischen Naturalismus und Religion. Philosophische
Aufsätze. 376 Seiten. Gebunden und Broschur

Kleine politische Schriften

Kleine politische Schriften I–IV. 535 Seiten. Gebunden

Die Neue Unübersichtlichkeit. Kleine politische Schriften V.
es 1321. 268 Seiten

Eine Art Schadensabwicklung. Kleine politische Schriften VI.
es 1453. 179 Seiten

NF 119/3/5.09

Die nachholende Revolution. Kleine politische Schriften VII.
es 1633. 225 Seiten

Die Normalität einer Berliner Republik. Kleine politische
Schriften VIII. es 1967. 188 Seiten

Zeit der Übergänge. Kleine politische Schriften IX.
es 2262. 196 Seiten

Der gespaltene Westen. Kleine politische Schriften X.
es 2383. 208 Seiten

Jürgen Habermas als Herausgeber

Stichworte zur »Geistigen Situation der Zeit«.
es 1000. 860 Seiten

Zu Jürgen Habermas

Das Interesse der Vernunft. Rückblicke auf das Werk von
Jürgen Habermas seit »Erkenntnis und Interesse«. Herausgegeben von Stefan Müller-Doohm. stw 1464. 602 Seiten

Kommunikatives Handeln. Beiträge zu Jürgen Habermas'
»Theorie des kommunikativen Handelns«. Herausgegeben
von Axel Honneth und Hans Joas. Erweiterte und aktuali-
sierte Ausgabe. stw 625. 521 Seiten

Kritik und Politik. Jürgen Habermas oder das politische
Defizit der »Kritischen Theorie«. Von Bernard Willms.
207 Seiten. Broschur

Kritik der Verständigungsverhältnisse. Zur Theorie von Jürgen Habermas. Von Thomas McCarthy. Aus dem Amerikanischen von Max Looser. stw 782. 643 Seiten

Die Öffentlichkeit der Vernunft und die Vernunft der Öffentlichkeit. Festschrift für Jürgen Habermas. Herausgegeben von Klaus Günther und Lutz Wingert. stw 1533. 720 Seiten

Zwischenbetrachtungen. Im Prozeß der Aufklärung. Jürgen Habermas zum 60. Geburtstag. Herausgegeben von Axel Honneth, Thomas McCarthy, Claus Offe und Albrecht Wellmer. 528 Seiten. Gebunden

Die Europa-Debatte im Suhrkamp Verlag

HANS MAGNUS
ENZENSBERGER

SANFTES MONSTER
BRÜSSEL
ODER
DIE ENTMÜNDIGUNG
EUROPAS

EDITION SUHRKAMP

Hans Magnus Enzensberger
Sanftes Monster Brüssel
oder Die Entmündigung Europas
73 Seiten
€ 7,00 [D] / € 7,20 [A]
ISBN 978-3-518-06172-5
Auch als eBook erhältlich

In seinem Essay hat sich Hans Magnus Enzensberger der Aufgabe gestellt, zur Aufklärung über die Gebräuche und Spielregeln beizutragen, mit denen das Europa von »Brüssel« uns zu regieren beansprucht: lakonisch und treffsicher, wohlinformiert und bissig, dabei um Gerechtigkeit bemüht, denn das Monster, dem er ins Auge blickt, ist nicht immer nur furchterregend, sondern auch sanft. Dennoch muß der Leser Nebenwirkungen in Kauf nehmen.

»Es sind ungefähr fünfhundert Millionen. So viele Bürger leben zurzeit in der Europäischen Union. Jeder einzelne von ihnen sollte sich die Zeit nehmen, die knapp siebzig Seiten zu lesen, die Hans Magnus Enzensberger jetzt unter dem Titel *Sanftes Monster Brüssel oder Die Entmündigung Europas* vorgelegt hat.« Hubert Spiegel, *Frankfurter Allgemeine Zeitung*

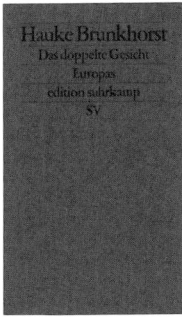

Hauke Brunkhorst
Das doppelte Gesicht Europas
Zwischen Kapitalismus
und Demokratie
216 Seiten
€ 16,00 [D] / € 16,50 [A]
ISBN 978-3-518-12676-9
Auch als eBook erhältlich

Die Entwicklung der EU wird oft als Verfallsgeschichte erzählt: Aus einer visionären Idee wurde ein technokratisches Monstrum. Hauke Brunkhorst präsentiert eine andere Lesart: Wie Dr. Jekyll und Mr. Hyde sind Vision und Technokratie aufeinander bezogen. Das europäische Projekt bleibt ein offener Prozess, der erneut in eine emanzipatorische Richtung gelenkt werden kann.

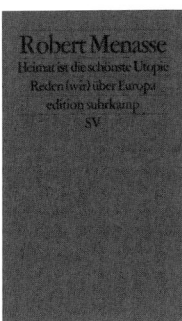

Robert Menasse
Heimat ist die schönste Utopie
Reden (wir) über Europa
176 Seiten
€ 10,00 [D] / € 10,30 [A]
ISBN 978-3-518-12689-9
Auch als eBook erhältlich

Die Welt ist längst ein transnationales Gebilde geworden, es gibt nichts mehr von Belang, das innerhalb nationaler Grenzen geregelt oder an nationalen Grenzen gestoppt werden kann. In einer Reihe von Vorträgen interpretiert Robert Menasse das Testament einer sterbenden Epoche: Nationen sind Betrug, Regionen sind Heimat.

Ulrich Beck
Das deutsche Europa
Neue Machtlandschaften im Zei-
chen der Krise
80 Seiten
€ 7,99 [D] / € 8,30 [A]
ISBN 978-3-518-06286-9
Auch als eBook erhältlich

Welche Folgen die umstrittene deutsche Sparpolitik für die europäische Machtlandschaft hat und welche Lösungen im Konflikt zwischen Europaarchitekten und Nationalstaatsortho-
doxen möglich sind – diesen und anderen Fragen geht Ulrich
Beck in diesem leidenschaftlichen Essay nach.

Heiner Flassbeck
Zehn Mythen der Krise
61 Seiten
€ 4,99 [D] / € 5,20 [A]
ISBN 978-3-518-06220-3
Auch als eBook erhältlich

Leben wir wirklich über unsere Verhältnisse? Oder hat die
Krise ganz andere, komplexere Ursachen? Heiner Flassbeck
wirft einen anderen und provokanten Blick auf das ökonomische Desaster, das Europa derzeit in Atem hält.

NF 1063/3/10.14

Stefan Müller-Doohm
Jürgen Habermas
Eine Biographie
784 Seiten
€ 29,95 [D] / € 30,80 [A]
ISBN 978-3-518-42433-9
Auch als eBook erhältlich

»Jürgen Habermas«, so schrieb der US-amerikanische Philosoph Ronald Dworkin anlässlich des 80. Geburtstags des großen europäischen Denkers, »ist nicht nur der berühmteste lebende Philosoph der Welt. Sein Ruhm selbst ist berühmt.« Nach mehrjährigen Forschungen, intensiver Recherche und ausführlichen Gesprächen mit Weggefährten, Zeitzeugen sowie mit Habermas selbst legt Stefan Müller-Doohm nun die erste umfassende Biographie des bedeutendsten Intellektuellen unserer Zeit vor. Sie beleuchtet sowohl das Zusammenspiel von philosophischer Reflexion und intellektueller Intervention als auch das Wechselverhältnis von Lebens- und Werkgeschichte vor dem Hintergrund historischer Ereignisse.

»Jürgen Habermas bleibt das leuchtende Beispiel eines Mannes, der die Rolle des Bürgers und die des Philosophen in überragender Weise vereint.« *Charles Taylor*